戦国武将が愛した 名湯・秘湯

岩本薫

マイナビ新書

はじめに～なぜ戦国武将の愛する温泉はいい温泉なのか？

ひとくちに温泉といっても、全国にいっぱいあるし、泉質だってさまざまだ。でも、せっかく温泉にいくのなら、やっぱりいい湯に浸かりたい。いい湯というのは、身体にじわぁ～っときて実にいいのだから。

でも、いい湯ってどこにあるの？　温泉ってたくさんあるし、どう選べばいいのかわからない。なにか基準があるのだろうか？　そこでひとつアドバイスを。温泉は戦国武将で選べばまず間違いない。そして、それが本書の主旨である。

それでは、なぜ温泉は戦国武将で選べば、間違いないのか？　そもそも温泉を戦国武将で選ぶというのは、どういうことなのだろうか？

そこでちょっと想像してみてほしい。現代のように、病院もサロンパスもバンドエイドもエナジードリンクもなかった戦国時代のことを。とてつもない乱世である。戦があちらこちらであった時代だ。だが、そこで戦っていたのは生身の人間なのだ。

　しかも戦国時代といえば、刀だ、弓矢だ、槍だ、火縄銃だと、そんな直接的な武器で命がけで戦っていたのだから、生傷だって絶えなかっただろうし、打ち身だったり、捻挫だったり、骨折だったりと、それから日々の身体の疲労だって、そうとうなものだったはずだ。

　繰り返すが、病院もサロンパスもバンドエイドもエナジードリンクもない時代だ。……と、ここまでいえば、もうおわかりだろう。それらの代わりを務めていたのが〝温泉〟だった。

　いわば温泉は戦国武将たちにとっての野戦病院であり、活力を養うエナジードリンクだったわけだ。だからそんな時代に、そんな役割を担っていた戦国時代の温泉は、おしなべて湯の質がいい。外れがないのだ。

　それだけではない。現代のように温泉を力技で掘るようなボーリング技術なんていうものがなかった戦国時代は、どんな温泉でも自然の力によって湧き出していた。雨水や海水が時間をかけて地下数十キロメートルの深いところに溜まって、それがマグマの熱や地底のプレートの摩擦熱なんかで吹き上げられて、さまざまな地層を通って地上に湧き出す。

白いにごり湯だったり、硫黄の香りがぷんぷんする湯だったり、強烈な油臭のする湯だったりと、温泉にはいろんな個性があるが、それはどんな地層を通ってきたかによって個性が決定づけられる。

だが、現代の日本では「温泉法」なるものがあって、法律が温泉を定義している。そのなかで「地下から汲み上げた摂氏二十五度以上の温水であれば、それを温泉と認める」という定義がある。つまりは、その湯にそれほどたいした温泉成分が含まれていなくても摂氏二十五度以上なら温泉と定義されてしまう場合があり、温泉ファンからは「いかがなものか」といわれている定義でもある。

この定義だと、温度をクリアするだけで温泉になってしまうのだ。昔から自然に湧いていた温泉はそういうヤワな温泉とは違うし、そんな温泉の中でも、戦国武将が浸かっていた温泉は怪我や生傷の絶えない彼らの身体を癒やし、治癒してきた本物の湯なのである。ちなみに、本書で紹介している温泉の中で四つの湯が日本温泉協会からオール五の評価をもらっている。この評価を受けている温泉は日本に数十施設しかないのだ。

なんといっても格が違う。実績が違う。歴史が違う。だから、いい温泉は戦国武将が教えてくれる。まずは、なんとなく、おわかりいただけただろうか。

本書では戦国武将ゆかりの温泉だけではなく、その温泉にまつわる戦国武将たちのエピソードなども紹介している。戦国武将の温泉の記録などというものは普通は歴史の記録に残るようなものではないので、まとめにくいものではあるのだが、わずかに残された記録やその武将と温泉との関わり合いなどを、できる限りまとめたのが本書である。

歴史とはまさに想像力を遊ばせる格好のフィールドである。本書を足がかりにして、歴史に思いを馳せ、想像力を羽ばたかせながらの温泉旅を楽しんでいただければ本望である。

本書に登場するさまざまな戦国武将たちを、歴史の授業に登場した人物という、よそよそしい捉え方ではなく、悩みもすれば笑いもする、現代のわれわれと同じ喜怒哀楽をもった生身の人間としてとらえて、想像力を羽ばたかせてほしい。

たとえば、織田信長が桶狭間の戦いで今川義元を破って天下に名を轟かせたのは信長が二十七歳のとき。あるいは、上杉謙信が川中島ではじめて武田信玄と対決したのが二十四歳のとき。伊達政宗が破竹の勢いで東北を制覇したのが二十三歳のとき。いかに現代とは平均寿命が違う、時代が違うといっても、人生を二十数年しか生きていない人間が国を背負って命がけで戦い、覇を争った。それが戦国時代なのである。そんな極めつけの乱世だったからこそ、この時代にはさまざまなドラマが、豪華な幕の内弁当のようにつまっているのだ。

そのような数々のドラマを思い、それを生きた戦国武将たちの思いや気持ちを想像しながら、そのゆかりの湯に、あなたも浸かってみてほしい。「ああ、そのとき武田信玄はこの湯に浸かりながらなにを思っていたのだろうか……」と。それが歴史と温泉の旅の醍醐味に他ならないのだから。

ようこそ、戦国武将たちのドラマフルな温泉の世界へ！

※掲載している温泉・施設の情報は２０１８年5月現在のものです。
※特に注意書きがなければ、「入浴料」は税込み価格になります。

戦国武将が愛した名湯・秘湯

目次

第1章　信長、秀吉、家康、三英傑の温泉事情

第4章　小田原攻めの超豪華キャストたちの疲れを癒やした湯

第5章　あの武将もこの武将もみんな草津の名湯に浸かりたかった

第6章　わたしを戦国武将温泉に連れてって

第7章　いい温泉に出会うノウハウ教えます

第1章

信長、秀吉、家康、三英傑の温泉事情

武将と温泉、あの三人はどうだったの？

戦国時代といえば、やはり、まずは三英傑として名高い、織田信長、豊臣秀吉、徳川家康だ。この時代の歴史のなにが人を惹きつけるのかといえば、やはりめくるめくような群雄割拠の世の中に、三英傑の天下取りというダイナミックな物語が太い縦糸としてあったからだろう。

いかにあちらもこちらも下克上という戦国時代だといっても、みんながみんな隙あらば天下をとるぞ、おー！ というわけではなかった。ほとんどの戦国武将たちは領土を広げるためだったり、逆にそれを守るためだったりと、あくまでも自分が治める国のために戦っていたのである。

そこに信長という既成概念にとらわれない人が現れて、美濃と尾張というわずかふたつの国しか治めていないにもかかわらず、天下を取るという当時としてはほとんど妄想レベルの野望を抱き、それを行動に移した。しかし、あと一歩というところで本能寺の変で明智光秀に討たれ、その野望を引き継いだ秀吉が天下を統一し、さらに家康がそれを横取りするかのように引き継いで盤石なものとして天下泰平の世の中を完成させた。

なによりもおもしろいのが、この天下取りという途方もないような野望を実現させたのが、後になって「鳴かぬなら〜」の有名なホトトギスの句で詠まれたように、この三英傑の、まったくタイプが違うといいたくなるような三者三様の性格の違いがあってこそのものだったということ。また、「織田がつき　羽柴がこねし天下餅

すわりしままに食うは徳川」と狂歌に歌われたように、その性格の違いがあったからこそ、「一直線に」とは、とてもいえないすったもんだがあった流れのなかで、天下取りという偉業が成し遂げられたということ。そんなふうに、実に三者三様の個性がそれらしく現れた壮大なヒューマンドラマだったからこそ、われわれを惹きつけてやまないのである。

ならば、このあまりに個性際立つ三英傑は、いったい、どんな温泉に親しんだのだろうか。やはり温泉の好みも、関わりかたも、それらしく三者三様だったのではないかと思うわけで、まずはそこから話をはじめよう。

温泉のイメージがない（似合わない）信長も湯治した？

ただ、いきなりガッカリさせてしまうけれども、実は信長については温泉のエピソードは残っていなかった。そもそも信長といえば温泉のイメージが似合わない「鳴かぬなら殺してしまえホトトギス」の人。そんな気の短い人が、湯にじっくりと浸かっているなんていうことをしたのだろうか？　できるのだろうか？

ところが平成の時代になって、信長が飛騨で湯治をしたことが記録された古文書が、岐阜県関市の旧家から見つかった。それによると、天正六年（一五七八年）の春に飛騨の温泉に信長が、前田利家、木下藤吉郎（後の秀吉）、森長可、池田勝入たちを引き連れて湯治をしたというのだ。しかも、このときの信長は実に上機嫌だった、と記録されている。

天正六年といえば、信長が上杉謙信や毛利輝元を敵に回して戦っていた頃である。どちらもやっかいな敵だった。上杉謙信といえば、いわずと知れた〝軍神〟として名高い名将だ。生涯での戦の勝率は九割超えで、戦国最強といわれた、あの武田信玄に立ちはだかり続けたことはご存じの通り。武田信玄は信長がもっとも恐れた武将でもある。そのガチなライバルが謙信だったわけだから、信長もさぞかし兜の緒を締めたことだろう。

しかし人生っていうのは（なかんずく戦国武将たる方々の人生は！）、なにが起こるかわからない。この天正六年の三月に信長が拍子抜けするようなことが起きたのだ。なんと、謙信が急死してしまった。死因は脳溢血だったといわれている。

日頃から大酒飲みで（たびたび馬上でも酒を飲んでいたほどで）、塩分たっぷりの味噌や梅干しをアテに一杯やるのが大好きだったという謙信が、高血圧だった可能性はかなり高い。今どきの言い方をすれば、生活習慣病が招いた急死だったわけだ。

そしてまた、この天正六年の十一月に信長は、もう一方の敵である毛利輝元を、とんでもない戦い方で破るのである。毛利輝元といえば、後に関ヶ原の戦いで西軍の総大将に都合よくかつぎあげられたり、家康に手玉に取られてしまったりと、世間知らずのお坊ちゃん的な武将というイメージがなきにしもあらずだが、毛利軍は日本一の海賊衆として名高い村上水軍を傘下に置く、海の上での戦いではめっぽう強い軍だったりする。実際、その前々年の信長軍vs毛利軍の木津川口の戦いで、信長軍は海賊衆の名門、九鬼水軍をぶつけたにもかかわらず、毛利軍にあっけなく破れているのである。

しかし、そこは信長、転んでもただでは起きなかった。木津川口の戦いの敗因は毛利軍の焙烙玉《ほうろくだま》や焙烙火矢《ほうろくひや》といった火器による攻撃で、九鬼水軍の木造の船を、なすすべもなく次々と燃え上がらせて壊滅的な打撃を与えたことだった。

そこで、かくなるうえはと信長が考えたのが……。

「燃えない船で戦ってやろうじゃないか。船を鉄板で装甲するのだ」という仰天アイデアだった。

信長といえば、長篠の戦いの鉄砲隊だったり、世の度肝を抜いたド派手な天守をいただく安土城だったり、戦国時代の自由経済主義というべき楽市楽座だったりと、誰も考えつかなかったことを次々とやってのけた、実にイノベーティブな武将だったが、この船を鉄板で装甲するというアイデアは、それらの極めつきだったといいたい。その当時、鉄甲戦艦などというものは日本はおろか世界中どこを探しても存在しなかったのだから。造船技術にはるかにすぐれていたヨーロッパにおいても、鉄甲戦艦が登場するのは十九世紀のネルソン率いるイギリス艦隊がはじめてなのだ。

つまり信長はその二百三十年も前に鉄甲戦艦を思いつき、世界に先駆けて、それをつくってしまったのである。しかもその船の大きさたるや全長二十二メートルという巨大さで、そんなものを六艘もつくって、さらにその全船に大鉄砲を装備して、毛利軍へのリベンジに挑んだのだ。

輝元も、さぞかし仰天したに違いない。海賊衆のすぐれた戦術だとか、機動力だとか、そういったレベルを遥かに超えていたのだから。天下の村上水軍もリアルに思考停止になったのではないだろうか。そんな二度目の木津川の戦いにおいて、毛利軍が完膚なきまでにやられたのはいうまでもない。信長のすさまじいほどの〝転んでもただでは起きない〟だったのだ。

信長は、そんな度肝を抜く戦い方で毛利軍にリベンジを果たしたわけだが、飛騨の温泉に湯治したとされる天正六年の春は、ちょうどその鉄甲戦艦をつくらせている頃である。

なんていうんだろう。兜の緒を締めて挑むべき相手だった謙信があっけなく急死して、今度は負けられない毛利軍を打ち破る〝度肝を抜く秘策〟にもめどがついて、気持ちに余裕が出た頃でもあったのではないだろうか。

信長に関しての歴史的な一次資料である『信長公記』を見ても、この時期は、生き急いだような信長の人生の中でも鷹狩や相撲見物なんかに勤しんでいた比較的平和な時期だったように思える。

そんな時期に前田利家や木下藤吉郎たちを引き連れて温泉に行ったところに、家来の労をねぎらうという信長の意外なやさしさが垣間見えるのではないだろうか。

信長が湯治した飛騨の温泉とはどこだったのか？

さて、では、信長たちはどこの温泉に湯治したのだろうか。岐阜県関市の旧家で発見された古文書には「飛騨の温泉」と書かれているだけだ。ただ、その当時の飛騨は、北は武田領、南は織田領だったことや、関市を通ったということから、ほぼ〝下呂温泉〟で間違いないだろうと推測されている。

下呂温泉といえば、江戸時代の儒学者の林羅山が編纂した詩文集に「諸州多有温泉、其最著者、摂津之有馬、下野之草津、飛騨之湯島（現在の下呂温泉）、是三処也（全国に温泉はたくさんあるが、その中でもっとも素晴らしいのは、摂津の有馬、上州の草津、飛騨の湯島、この三つの温泉だ）」と記されたことから有馬温泉と草津温泉と並んで日本三名泉と讃えられるようになった温泉である。

日本三名泉のひとつに入っているとは、さすがは信長だ。

そんな下呂温泉はどんな温泉なのかというと、開湯は天暦年間（九四七〜九五七年）と古く、鎌倉時代の文永二年（一二六五年）に突然湯が出なくなってしまったものの、その翌年に一羽の白鷺が舞い降りたことをきっかけに、ふたたび湧き出している源泉が発見されたという、そんな伝説を持つ温泉である。

白鷺だとか、白い猿だとか、白い鹿だとか、白い動物が現れたことによって温泉が発見されたという伝説は多い。そういった伝説をからめることによって霊験あらたかな効き目のある湯という、いわばハクをつけるための、今でいえばプロモーション手法のようなものだが、ただ、そういう温泉ほど古くて由緒ある温泉であることが多いというのも確かなことなのだ。

たとえば幕末の維新三傑の一人である西郷隆盛が愛した鹿児島の川内高城温泉の共同浴場の湯などは、熱く透明で、いい感じのタマゴ臭があって、湯に身体を沈めるとビシッときて、「さすがは、西郷どんっぽい湯だなぁ」なんて思わせてくれるのだが、信長が浸かった下呂温泉の湯は、どんな湯だったのだろうか。やはり信長っぽい湯だったのだろうか？

信長が好みそうな湯というと、勝手な想像だけれども、美しく白濁した湯で、それでいて浸かってみると、湯の力が力強くずしんと感じられるような、そんな男性的な湯ではないだろうか。

ところが実際の下呂温泉は泉質がアルカリ性の単純温泉で、肌触りのいい湯が特徴だ。アルカリ性の湯には自然の石鹸のような効果があって、とろりとした浴感と、湯から上がった後、肌がすべすべになる美肌効果がある。そんなことから「美肌の湯」と呼ばれることが多い。

なんと、信長は「美肌の湯」に浸かっていたわけである。下呂温泉の湯を満喫した後、「うむ、お肌がすべすべになったのう」なんてことを信長もいっていたのかもしれない。

下呂温泉のおすすめ湯は好対照なふたつの湯

さて、では、そんな下呂温泉のおすすめの湯はというと、まずは「湯之島館」を紹介したい。

創業は昭和六年とそれほど古いというわけではないが、有形文化財にも登録されている建物が実に風格があって素晴らしい。そんな建物が山の斜面に温泉街を見下ろすように建っている。

館内には展望台コーナーもあって、そこから下呂温泉の美しい夜景も楽しめる。温泉もレトロモダンな展望大浴場から展望露天風呂、家族風呂、足湯まであって、いろいろと楽しめるし、展望風呂付きの部屋もある。飛騨の山並みを眺めながら浸かる展望露天風呂は格別である。

しかし、なによりも特筆したいのが、五万坪という広い敷地の中に無秩序に継ぎ接ぎ建築されていったかのような、ラビリンス感たっぷりで、迷うこと必須の

湯之島館

住所：岐阜県下呂市湯之島 645
連絡先：0576-25-4126
入浴料：大人ひとり 1,000 円
営業時間：13:00 ～ 14:00 受付（13:30 まで）

館内である。

和風だったり、洋館風だったり、モダンな卓球室があったり、どことどこが、どうつながっているのかわからない複雑な館内。「やっぱり、温泉旅館ってこうでなきゃねぇ」と、胸をワクワクさせてくれるのだ。


それから次に紹介したいのが「民宿　松園」である。ここは「湯之島館」とは対照的でこぢんまりとした和風民宿。風呂も三人入ればいっぱいになってしまうような、ごく普通のタイルの湯船があるだけで、いたって地味な宿である。

え？　地味な宿なんか紹介するなだって？　いやいや、ここから先を聞いてほしい。確かに地味な宿だが、ここの湯は素晴らしいのである。

下呂温泉の湯は集中管理をしているので、どの宿でも安定した湯量で同じ泉質の湯が楽しめるのだけれども、ここ「民宿　松園」の湯は消毒されていないので、本来の源泉そのものの浴感がピュアに感じられるという、下呂温泉の中でも貴重

民宿　松園

住所：岐阜県下呂市幸田 1182-1
連絡先：0576-25-2110
入浴料：※入浴は宿泊者のみ
素泊まり 4000 円（別途消費税・入湯税 150 円）
朝食付き 5500 円（別途消費税・入湯税 150 円）
営業時間：入浴時間は 16 時から翌朝 9 時まで。
お食事処営業時間は 11 時から 14 時頃　※不定休
17 時から 19 時 15 分ラストオーダー

な湯となっていて、温泉好きの間では密かに人気の宿だったりする。

そしてコスパも高い。朝食付きで一泊五五〇〇円（本書執筆時点）。夕食は付かないが、その代わり一階が食事処なので、そこで夕食が食べられる。名物の飛騨牛はもちろん、郷土料理のほおば焼きなど、飛騨の味が楽しめる。「どこに行っても似たり寄ったりの旅館の懐石風料理には飽きた」という人には、とくにおすすめなのだ。

秀吉は、なぜ、ああまでも温泉好きだったのか？

さて、次は秀吉だ。最初にいってしまうが、秀吉は、まぁ温泉が大好きな戦国武将だった。

この本の「はじめに」でも触れたように、当時の戦国武将にとって温泉とは野戦病院のようなものであり、よく「戦国武将の隠し湯」というように、あの時代は、温泉は隠すものだった。

なぜなら温泉だから、裸にならなければいけない。刀を下げて入るわけにはいかない。そんな丸腰で温泉に入っているところを敵に襲われたらひとたまりもないわけで、それゆえに武将が入る温泉は隠されてきた。

また、温泉に入る目的も、今のようなレジャー的な感覚はなく、あくまでも湯治のためで、とくに戦国時代においては怪我や刀傷が絶えなかったわけで、それを治すために武将たちは湯に浸かっていたのである。

ところが秀吉においては、レジャー的に温泉を楽しんでいたふしがあった。当時としては、必要以上に秀吉が温泉に出かけていったという記録があちこちに残っている。

戦国武将というと普通は隠し湯なのだが、さしずめ秀吉の場合は隠し湯ならぬ〝隠さない湯〟とでもいうべきか。そんな秀吉がどれくらい温泉が好きだったのかは後ほどお話しするが、そもそも、なぜ秀吉は温泉好きなのか？

もちろん、秀吉がなぜ温泉好きだったかなんてことがわかる史料なんてものはない。だが、秀吉は他の戦国武将と比べてなにが違っていたのだろう？　なんてことを考えると、秀吉がなぜ温泉好きなのかも、わかってくる気がしてくるのだ。

身体のベストなパフォーマンスの引き出し方を秀吉は知っていた？

秀吉が知略に長けた武将であったことは、今さらいうまでもないことだが、フットワークのよさも抜群の武将だった。秀吉といえば、なんといっても「中国大返し」。

天正十年（一五八二年）六月、備中高松城の戦いで毛利軍を攻め落とさんとしていた秀吉が、本能寺で明智光秀によって信長が討たれたことを知って、その光秀を討つために、二万五千もの大軍を引き連れて二百キロメートルもの道のりを、電光石火のごとく引き返してきた大移動だ。

そのあまりの迅速さゆえに、また、信長亡き後の後継者争いのイニシアチブを一気にとっていったことから、後になって、「本能寺の変を裏で糸を引いていたのは、実は秀吉だったのでは？」という、秀吉黒幕トンデモ説まで出てきたほどなわけで、中国大返しは、それほどに尋常じゃないフットワークだった。

あるいは、信長の後継者争いを決定づけたというべき、天正十一年（一五八三年）の、柴田勝家との賤ヶ岳の戦いにおける「美濃大返し」。これもすごかった。距離こそ中国大返しほどではなかったものの、五時間で五十キロメートルもの距離を行軍するという、前代未聞のスピードで、しかも、暗く危険だった夜道を、駆け抜けていったのだから。

では秀吉はどうして、そんな前代未聞のスピードで大返しができたのか。

まず、中国大返しでは、兵士たちが身につけていた武具を船便で別送し、それで身を軽くして走ったのである。馬に乗っている騎兵ならばともかくも、武具をつけて自分の二本の足で走っていかなければならない足軽などは相当キツかったはず。それならばと、その重い武具を脱がせて別送したというわけだ。これなんかは足軽のキツさを身をもって知っていた足軽出身の秀吉だからこそ思いつくことができたアイデアというべきだろう。

また、美濃大返しでは、近江までの道中の村々にある庄屋や大百姓たちに、行軍する兵士たちへ握り飯を差し出すように命じた。そうすることで秀吉軍は食事のために止まることなく、栄養補給しながらノンストップで進むことができたのだ。また、暗い夜道は、沿道に松明を燃やしてもらって明るく照らしたのだという。

このときの握り飯がどんなものだったのかは、残念ながらわからないが、秀吉は、戦場では豆味噌を塗った麦飯の握り飯を食べ、一緒に生のニンニクをかじっていたといわれている。

実はこれ、栄養学的にも実に理にかなった食べ方なのだ。炭水化物をエネルギーに変えるためにはビタミンB1が欠かせないが、麦や味噌にはそれが豊富に含まれていて、また、ニンニクの辛味成分に含まれる硫化アリルはそのビタミンB1の吸収を促進する働きがある。つまり、秀吉が戦場で食べていた握り飯は、今でいえばエネルギー即効チャージのゼリー飲料みたいなもので、まさに戦闘モードのおにぎりだったというわけだ。

今でこそアスリートのインタビューで「身体のベストなパフォーマンスを引き出す」なんてことをよく聞くが、秀吉という人は、そういうことを、とても大切にしていた武将だった。中国、美濃、ふたつの大返しにしても、戦場で食べていた握り飯にしても、いってみれば、あらゆる面から身体のパフォーマンスを引き出そうとしていたわけなのだから。

だから、そんな秀吉が、温泉に無関心なわけがないのである。なぜなら、戦国時代は、温泉に入ることこそが疲労を回復させるための、いちばん効き目がある方法だったのだ。

では、秀吉はどんな温泉に浸かっていたのか？

有馬の湯が好きすぎて自分の領地にしてしまった⁉

秀吉があちこちの温泉に浸かっていたという記録は残されているが、中でも大のお気に入りだったのが、日本三名泉のひとつ〝有馬温泉〟だった。なんといっても、あまりにお気に入りで自分の領地にしてしまったほどなのだから。そして、実際、秀吉はなにかがあるごとに有馬温泉の湯に浸かりにきていたのだ。

たとえば、さきほど触れた賤ヶ岳の戦いに勝利した年に秀吉は有馬温泉で湯治している。あるいは家康とのはじめての直接対決となった小牧・長久手の戦いで敗れた年に有馬温泉で湯治している。その翌年、長宗我部元親を敗って四国を平定した年にも有馬温泉で湯治している。さらには秀吉の天下取りの仕上げというべき小田原攻めで北条氏を滅ぼした年に。嫡男、鶴松を失い悲しみのどん底にあった年に。その悲しみを吹き飛ばした二人目の嫡男、秀頼誕生の年に。……と、秀吉はなにか大きな出来事が起きると、必ず有馬温泉の湯に浸かっていたのである。

知略に長けた秀吉のことだから、お気に入りの有馬の湯に浸かりながらあれこれと策を練っていたのではないだろうか。古今東西、突飛なアイデアというものは、なにかふっと力を抜いたようなときに突然落ちてくるということではないか。かつて古代ギリシャの数学者アルキメデスが、風呂に入っているときに金の純度の測定法を思いついて「ユーレカ!(わかったぞ!)」と叫んで、素っ裸のまんま街へ飛び出していったというエピソードがあるように。

秀吉が小牧・長久手の戦いで家康に敗れたにもかかわらず、その後、家康を屈服させて家臣にしてしまった手腕は、まさに湯に浸かっているときに突然落ちてきた「ユーレカ!」と叫びたくなるような名案だったのではないだろうか。そうとしか思えないほどウルトラC的なアイデアだった。

小牧・長久手の戦いで家康に敗れた翌年、秀吉は関白になった。そこで秀吉は家康に上洛するよう促すのだが、秀吉を信用していない家康は頑なに動こうとしなかった。

戦国時代といえば〝人質〟を差し出して相手の信用を得るということは常套手段だった。ここで秀吉もまたその常套手段を使うわけだが、なんと自分の妹と母親を差し出したのである。秀吉の妹である朝日姫はそのころ既婚者だった。それを無理やり別れさせて家康の嫁として差し出し、さらにはその朝日姫が最近、ふさぎ込んでいるからといって母親のなかを見舞い役として差し出したのである。

確かに〝人質〟を差し出すことは常套手段であったが、たいていの場合は、立場の弱い者が立場の強い者に「あなたを裏切りません、信じてください」という意味で自分の身内を〝人質〟として差し出すものだ。つまり屈服させられた者が忠誠を誓って差し出すのが〝人質〟なのである。

ところが秀吉は屈服させようとしている相手である家康に自ら〝人質〟を差し出した。しかも自分の妹と母親という〝最高ランクの人質〟を差し出したのである。そんなことは、なんでもありの戦国時代といえども前代未聞のことだった。普通では思いつかない、まさにウルトラC的な策だった。

関白である秀吉にそんなことをされてしまっては、さすがに家康ももう腹をくくるしかない。ここで上洛をしなかったら、逆にどんないいがかりをつけられるかわかったものではない。こうして秀吉は戦では勝てなかった家康をまんまと屈服させることができたのである。

太閤殿下！　貴方様こそ有馬温泉の大恩人

現在、有馬温泉に行くと、温泉街の入り口辺りに秀吉の像がある。なぜ秀吉の像があるのかというと、もちろん有馬温泉が秀吉ゆかりの温泉地であったからだが、理由はそれだけではない。

秀吉が有馬温泉をあまりにも気に入ってしまって自分の領地にしたことは先に

触れた通りだ。領地なので当然、年貢も取り立てる。年貢はいうまでもなく豊臣政権の財政にあてられるわけだけど、有馬温泉からの年貢に限っては温泉の運営費や秀吉の湯治の費用にもあてられたのである。

湯治のための費用といっても、なにせ秀吉は天下人だ。レベルが違う。大名行列のごとくたくさんの人を引き連れていくので莫大な費用がかかる。そしてまた、そういう場合の湯治の宿は、現地の寺院などが使われるのが普通だが、なんと秀吉は自分専用の湯治施設をつくってしまった。そのために立ち退きを命じられた民家は六十五軒というのだから、その豪華さが窺えるのではないだろうか。

まさに温泉好きの秀吉が、お気に入りの温泉地である有馬温泉に、自分の理想の豪華絢爛な湯治施設を建てたのである。

しかしである。天はそれを許さなかったのであろうか。完成した翌々年に、この地域をメガトン級の大地震が襲ったのだった。被害は甚大だったと記録されている。建物の倒壊はもちろん、山や川の形までも変えてしまったといわれていて、秀吉の夢の湯治施設も、むべなるかな、ガラガラガシャ〜ンと呆気なく大破してしまったのだ。

とはいえ、有馬温泉は秀吉お気に入りの温泉地である。当然、秀吉はすぐに復興を命じた。だが、なにせ山や川の形までも変えてしまったほどの被害である。その工事は六甲川の向きを変えるという大掛かりなものとなり、かつて一夜城で名を馳せた秀吉をもってしても復興に丸々一年かかったのだという。

秀吉の理想の湯治施設も二年後に再建した。秀吉はその施設の中に、寝そべりながら入れる蒸し風呂や露天の岩風呂を自分好みにつくらせたのだという。再建とはいえ、そこは秀吉、あくまでも理想の追求は忘れていなかったのだ。

ところが、すでに老境に入っていた秀吉は、なんと理想の湯治施設の再建後の姿を、その目で確かめることなくこの世を去ってしまったのだ。残念無念。秀吉といえども寿命はどうすることもできなかった。

秀吉の理想の湯治施設の夢は叶わなかったが、秀吉のおかげで有馬温泉は見事に復活したのであった。六甲川の向きを変えるほどの大掛かりな復興には、当然、莫大な費用がかかったわけで、秀吉だからこそまかなえた。だから秀吉は今もなお有馬温泉の恩人として有馬温泉の人たちに語り継がれている。秀吉像が建っているのも、その感謝の証しにほかならないのである。

金と銀のふたつの湯が楽しめる西の大関湯

秀吉は有馬温泉のどこに惹かれたのか？　ひとつは〝格〟だったのではないだろうか。有馬温泉といえば、前述の通り日本三名泉のひとつであり、舒明天皇だったり、孝徳天皇だったりと、そうした貴人たちも浸かった湯であるという。ブランドとして申し分なく、ここら辺のことが見栄っ張りな秀吉に響いたことは間違いないような気がする。

そしてもうひとつ、湯の質も、天下人にふさわしい質を誇っていた。時代が下って、江戸時代にはじめて温泉の番付がつくられたときにおいても、有馬温泉が西の大関とされたように（ちなみにこの時代、横綱という番付はなく、大関が最高位だった）、有馬温泉の湯の質の世間的な評判は古くから群を抜いていたのである。

では、そんな有馬温泉の湯の質はどういうものだったかというと、鉄分と塩分と炭酸を含んだ珍しい独特な湯。鉄分を豊富に含んだ源泉は空気に触れて酸化して濃い赤錆色になり、その色から有馬温泉の湯は「金泉」と呼ばれてきた。金といえば、そう、秀吉だ。黄金の茶室をつくってしまうような人だからそこにも惹かれたのかもしれない。

有馬温泉の湯に浸かって誰もがまず思うのは「うわぁ、濃厚な湯だなぁ」ということだろう。手をちょっと入れるだけでもう赤錆色の湯の色に隠れて見えなくなる。

そんな有馬温泉の濃厚な湯の中でも飛び切り濃厚な湯を楽しめるのが「上大坊」である。この「上大坊」は有馬温泉の源泉でいちばん濃い「天神源泉」の近くにあって、その源泉を贅沢にかけ流ししている。

有馬温泉は大きなホテルや宿がひしめく観光地的な温泉街なので、かけ流しではない循環湯や加水しているところが多く、だからこそ「上大坊」の源泉そのままの濃厚な湯は貴重になっている。

ただし、有馬温泉の源泉の温度は九十八度と高いので、それをそのまま引いている「上大坊」の湯は激熱である。無理をしないで入れる程度に水でうめて浸かろう。それでも十分濃厚だから。

浴室や湯船は飾りっ気のない古びた感じだが、そこがまたひなびた味があって、湯の質一本で勝負していることを感じさせる。

湯に浸かると、湯船の底からもわぁ〜っと赤錆色の沈殿物が舞い上がってくる。

上大坊

住所：兵庫県神戸市北区有馬町 1175
電話：078-904-0531
入浴料：1000 円
営業時間：15:00 ～ 18:00

熱く、濃厚な温泉成分と塩分の湯は身体の芯の芯まで温める。だから湯から上がってもずっとポカポカが続いている。ホント、驚くほどの湯だ、ここの湯は。

もうひとつおすすめしたいのが「陶泉　御所坊」だ。ここは谷崎潤一郎の小説『猫と庄造と二人のをんな』の中に登場したり、「花吹雪　兵衛の坊も御所坊も目におかずして　空に渦巻く」と与謝野晶子が詠んだ歌に登場したりと、まぁ、そんなふうに文人に愛されたことからもわかるように、ハイカラ和モダンのセンスのいい宿だ。

鎌倉時代から続いてきたという老舗中の老舗でもある。建物は昭和初期の木造で、館内や部屋の所々に陰影の美があって、しっとりとした色気さえ感じられる。谷崎が気に入ったのも大いにうなずけるのである。食事も神戸で明石浦漁港の出入りを許された唯一の宿というだけあって絶品だ。

そんな「陶泉　御所坊」の浴室は半露天・半混浴という珍しい造りになってい

陶泉　御所坊

住所：兵庫県神戸市北区有馬町 858

連絡先：078-904-0551

入浴料：日帰りの場合 料金：1回1,500円（消費税・入湯税別・施設使用料含む）貸しフェイスタオル：付き 貸しバスタオル：有料（315円）

営業時間：11：00 ～ 14：00（食事セットでのご予約優先）

る。男女別々の広い湯船であるが、半露天になっているところが柵で仕切られているだけになっている。だが、なにせ濃厚な赤錆色の湯なのだから、それほど抵抗は感じられない。湯はこちらもうれしい源泉かけ流しだ。ユニークでゆったりと気持ちのいい湯船で有馬の身体に効く湯を堪能できるのだ。

また、有馬温泉には「銀泉」もある。こちらは炭酸泉とラジウム泉をブレンドした湯。気軽に入れる日帰り温泉施設の「金の湯」「銀の湯」があるので、そちらで「金泉」「銀泉」を入り比べるのもいいだろう。

健康オタクの家康も温泉が好きだった

さて、では、最後は家康である。家康といえば、NHK大河ドラマ「真田丸」で内野聖陽さんが演じた家康は「さすが三谷幸喜さん！」と快哉を叫びたくなるほど強烈でおもしろいキャラクターだった。

定番の狸親父で策略家な家康でありながらも、あの異常なほどに小心者の家康。爪を噛む癖だとか、ディテールもしっかり盛り込まれていて、あれはもう三谷さんしか描けない家康というべきだろう。いったい、あのキャラクターはどこから来たのか？

あくまでも勝手な想像だが、家康が三方ヶ原の戦いで武田信玄に完膚なきまでに徹底的にやられて、そのあまりの恐怖ゆえに馬上で脱糞したという有名なエピソードがある。真偽は怪しいエピソードではあるが、三谷さんはそれにインスパイアされて、そのイメージを思いきり広げて、あの愛すべき異常に小心者の家康のキャラクターをつくっていったのではないだろうか。

本当に家康が小心者だったのかはわからないが、「石橋を叩いても渡らない」といわれる家康のこと。用心深い人であったことは間違いないだろう。小心者だったからこそ用心深くなっていったとすれば、なんとなく腑にも落ちてくる。

よく人の人格は十歳までに決まるなんてことがいわれるが、だとするならば、家康が人並み外れて用心深い性格になったということもすごくうなずけるのだ。家康といえば三歳で母親から引き離され、六歳のときに今川義元のもとに人質として差し出され……かと思ったら、信長の父、織田信秀にその身を奪われて、いつ殺されてもおかしくないような境遇で八歳まで過ごした。

そして、やっと織田家の人質から解放されたと思ったら、またまた今川義元のもとで人質生活を送り、それから十年後、あの信長の名を世に一気に広めた桶狭間の戦いで、義元が信長に討たれてようやく十九歳にして解放されたのだから。つまるところ家康は、多感で人格形成がされていく大切な時期にずっと人質生活を送っていたのだ。世の中を見る目もひねくれてくるわけで、用心深くなるのは無理もない。だが、その人並み外れた用心深さのおかげで家康は天下を取れたのだ。

家康の用心深さが炸裂したのが、天下分け目の戦いとして名高い関ヶ原の戦いだろう。家康だってまさかそんなに早く終わるとは思っていなかっただろうが、結果的に見れば家康の実に用心深い前工作によって関ヶ原の戦いは半日で決着がついた。同じ天下を二分する応仁の乱が十年以上も虚しく続いたのに対して、関ヶ原の戦いが半日で終わってしまったというのはまさにミラクルだったといえるだろう。

ご存じのように関ヶ原の戦いといえば小早川秀秋が寝返ったことで戦況が大きく変わった。だが、裏切り者は小早川秀秋だけではなく次々と出てきたのだ。なによりも、大阪城につめていた総大将の毛利輝元を、実質、毛利軍のキーマンである吉川広家と密約を交わして、城から出させなかったことが大きかった。

もし、西軍の総大将の輝元が秀頼を引っ張り出して出陣したら、名目上、豊臣家のために戦っている東軍（関ヶ原の戦いでややこしいのは西軍も東軍も豊臣家のために戦っていることである……）の大義名分がなくなってしまうわけで、形勢は大きく変わっていたはずだった。

もちろん、裏ですべての糸を引いていたのは家康である。家康が味方の諸大名はもちろん、敵の諸大名に協力を求めるために書いた密書や書簡は百五十通以上残っている。あくまでも残っている数なので、実際はもっとあったのだろう。関ヶ原の戦いの勝敗の行方は、まさに家康の用心深い事前工作のなせるものだったのである。

そんな家康は自分の身体にさえも用心深かったのか、今でいうところの健康オタクでもあった。薬学にも精通していて、自分で薬を調合してしまうほどだったのだから。なんと、精力剤まで自分で調合しているのだ。

だからなのだろう。生涯で十一男五女に恵まれたという子だくさんの家康は、驚くべきことに五十歳過ぎてからも八人もの子供をもうけている。ダテではなかったのだ、家康の薬の調合は。

だから、そこまでの健康オタクだった家康が秀吉に負けない温泉好きだったということは驚くにあたらないだろう。秀吉はお気に入りの有馬温泉をちゃっかりと自分の領地にしてしまい、そこに豪華な自分専用の〝温泉御殿〟を建てた。では、家康はというと、もっとわがままなことをやってのけた。さて、なにをやってのけたのか？

わしが行くんじゃなくて温泉がこっちに来るのだ

家康がはじめて熱海温泉で湯治したのは、慶長九年（一六〇四年）のことだった。関ヶ原の戦いの勝利によって、ほぼ天下を手に入れた家康が征夷大将軍となった翌年のことだ。

熱海の湯を気に入った家康は、それからもお忍びで熱海温泉を訪れた。でも、家康ほどの存在となると、お忍びもすぐに世間にバレてしまうのである。

そうなると「熱海温泉は、あの家康公の御用達の温泉！　素晴らしいに違いない！」みたいな評判がひとり歩きしていくわけで、諸大名もこぞって熱海温泉で湯治するという連鎖が起きた。そうしたひとり歩きの連鎖というものは、そう簡単には止まらないわけで、熱海温泉は大いに発展していったのだという。

現代のわれわれにとって熱海温泉といえば、かつては新婚旅行だったり、社員旅行のどんちゃん騒ぎのメッカというべき昭和を代表するような温泉街だったわけだが、その繁栄のはじまりは、つまり家康のお忍びがバレたことにあったということだ。

そんなふうに熱海温泉を気に入ってしまった家康は、熱海に自ら足を運ぶだけではなく、熱海温泉の湯を大きな樽に詰めて江戸城に運ばせるようになった。「わしが行くんじゃなくて、温泉をこっちに来させるのだ」といわんばかりに。さすがは天下人である。さすがは健康オタクである。

そしてそれは家康にとどまらず、徳川家に代々伝わる習わしとなって、なんと幕末まで続いたのである。湯も、熱海だけではなく、草津温泉の湯、箱根湯本温泉の湯とどんどん広がっていって、これがまた庶民の間で「将軍家御用達の湯」

という評判になって各温泉地の繁栄につながった。

そして、運搬手段も進化していった。温泉は時間がたつほどに劣化するということは当時の人もわかっていたのだろう。時代は下って吉宗の代になると、「走って運ぶんじゃなくて、船で運べばいいじゃないか」となった。しかも普通の船ではない。「押送船《おしおくりぶね》」という江戸城に鮮魚を運ぶ特別な船があったのだ。なにせ将軍家の台所に直結している船なわけだから、ちょっとやそっとの海のシケでは欠航しない。また、少しでもスピードが出るように鋭く尖った船首の細長いフォルムをした船である。葛飾北斎の有名な絵である「神奈川沖浪裏」のあの波間に描かれた細い船をご存じだろう。あれに大きな樽を載せて、高速で海の上を突っ走っていったのである。さすがは暴れん坊将軍、豪快なのだ。

家康が気に入った熱海の大湯源泉を身体で感じよう

熱海温泉といえば高度成長期時代からバブルの崩壊までは昭和を代表する温泉街だったが、バブルが崩壊してからは客足が激減し、かつて栄華を誇った温泉街も、廃墟と化した巨大ホテルが痛々しい姿を晒す、ちょっと残念な温泉街になってしまったのはそれほど遠い過去のことではない。

だが、そんな熱海温泉が、今ふたたびV字回復を遂げようとしている。もともと交通の便がよく、海があるし、魚もおいしいし、景色もいいし、熱海秘宝館だってあるし（ん？）、温泉街のそこここに昭和の色を残したちょっとノスタルジックな味わいも、逆に今の若い人にうけているのだ。なので、熱海のおすすめ温泉としては昭和の魅力たっぷりな温泉を紹介したい。

まずはなによりも家康が浸かった湯。熱海温泉には、かつて熱海七湯といって大湯、清左衛門の湯、小沢の湯、風呂の湯、河原湯、左治郎の湯、野中の湯という源泉があった。家康が浸かったのは大湯で、その源泉に浸かることができる日帰り温泉施設が「日航亭・大湯」である。

もともとは旅館だったこの施設は昭和レトロな雰囲気を残している。庭を眺めながら二十人は入れる広い露天風呂が人気だ。湯は海が目の前にある熱海だけあって塩分を多く含んだ無色透明の塩化物泉。また、その名が語っているように熱海の源泉は熱い。身体に心地よくピシッとくるさっぱりとした浴感が特徴である。源泉かけ流しで加水も一切していないので、家康が浸かって気に入った大湯の源泉を身体で思う存分感じることができる湯なのである。

もともと温泉旅館だっただけに中庭を優雅に眺められる畳敷きの休憩室などもあって、湯上がり後もそこでのんびりと過ごせる。飲食の持ち込みはＯＫ（ただしアルコールはＮＧ）だし、お昼時なら食事も頼めて、いたれりつくせりなのである。

昭和レトロといえば熱海には極めつきの本物の昭和レトロな旅館がある。「福

日航亭・大湯

住所：静岡県熱海市上宿町 5-26
入浴料：大人 1.000 円（中学生～） 子供 500 円（1 歳～）
営業時間：9:00 ～ 20:00（最終受付 19:00）
火曜定休（祝日の場合は翌日休み）

島屋旅館」。それはもう昭和にタイムスリップしたかのような気分になれる、ひなびた温泉好きやコアな温泉マニアに密かに人気の宿であり、「昭和の熱海が生きている温泉宿」なんていうキャッチフレーズまでついているのだ。

よく昭和民俗資料館みたいなノスタルジックな施設があるが、いってみれば「福島屋旅館」はそういうものがまだ現役で営業しているような宿なのである。

こちらも加水なしの源泉かけ流し。レトロなタイル造りの浴室はちょっと薄暗く、それがまた昭和な味をかもし出している。いつまでも残っていてほしい貴重な温泉旅館っていうべきだろう。

最後にひとつ紹介したいのが地元の人のための共同浴場「山田湯」だ。温泉マニアはそういう施設を「ジモ泉」と愛を込めて呼ぶ。熱海にはそういう「ジモ泉」が何軒かあったけれども、今ではこの「山田湯」を残すのみだ。

熱海温泉に限らず「ジモ泉」のよいところは、ハズレがないというところ。観

山田湯

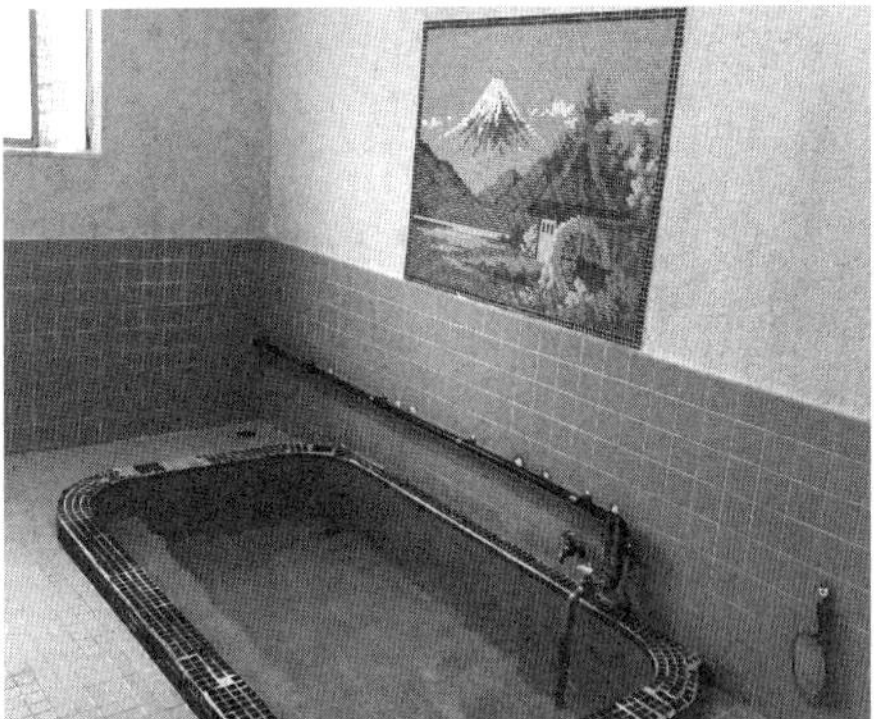

住所：静岡県熱海市和田町 3-9
連絡先：0557-81-9635
入浴料：300 円（大人）
営業時間：8:00 ～ 11:00　15:30 ～ 21:00　不定休

光客向けのホテルとかだと、浴室や湯船は広くてゴージャスでも、源泉かけ流しではない循環湯だったり、湯量をかせぐために源泉を薄めてあったりと、そういった温泉が少なくない。

だが「ジモ泉」の場合は、地元の人の生活のための実用的な温泉なので、いたってシンプルで飾りっ気がなく、湯船もこぢんまりとしているけれど、源泉がドバドバとかけ流しされているところが多く、入浴料もたいていは数百円と安い。「山田湯」もそんな温泉なのである。

どこか懐かしさを感じさせるタイルが貼られた浴室には三人入れば満杯の小さな湯船があって、壁にはかわいいタイル画が飾られている。昭和レトロが好きな人ならば、間違いなくほっこりする温泉だ。もちろん源泉かけ流しの加水なし。

また、こういう「ジモ泉」には地元の人が湯に浸かりに来るので、そういう人たちと話に花が咲いたりもする。それもまた「ジモ泉」ならではの楽しいひとときなのである。

天下人たちの三者三様の温泉

信長、秀吉、家康に共通していることといえば、いうまでもなく三人とも天下人だったということだ。その三人の天下人と温泉との関わり合いを見ていくと、映画「シン・ゴジラ」の進化していく形態ではないが、なにか段階的なものがあっておもしろい。

信長の時代はまだ油断ならない動乱の世であるから、温泉の入り方も隠し湯的だった。しかし天下を手に入れた秀吉の時代になると、見せびらかすかのような開けっぴろげな温泉の入り方になった。さらに家康の天下泰平の世になると、その権力にものをいわせて「わしが行くのではない。温泉がこっちに来るのだ」になるのだ。

まったく「織田がつき　羽柴がこねし天下餅　すわりしままに食うは徳川」とは、よくいったものである。

第2章

信玄と謙信は隠し湯でもライバルだったのか!?

実に対照的だった好敵手同士の信玄と謙信

戦国武将の隠し湯といえば、なにはさておき武田信玄の隠し湯だろう。そして信玄といえばライバルだった上杉謙信。実は謙信もまた信玄に負けないぐらいに隠し湯をもっていた。そんな話をひとつ。

いつの時代においてもライバルというのはその対照的なあり方がおもしろい。カエサルとポンペイウスしかり、紫式部と清少納言しかり、矢吹丈と力石徹しかり、ビートルズとローリング・ストーンズしかり。そして信玄と謙信しかりだ。

信玄と謙信。さまざまなタイプの戦国武将がしのぎを削った戦国時代に、この二人ほどの好敵手同士は他にいないだろう。まず名前からして「シンゲン」と「ケンシン」だなんて、韻を踏み合っているかのようで競い合っている感が満載ではないか。

この二人はセクシャリティの好みもきっぱりと別れる。信玄といえば大の女好き（でも、二刀流で男も大好きでしたが）。やはり古今東西、英雄色を好むのだろうか。有名なところでは、信濃の諏訪頼重を、自分の妹を嫁に出した義兄弟だったのにもかかわらず騙し討ちして、その娘を側室にしてしまったこと。さすがに娘を手に入れるために騙し討ちしたわけではなく、領地を乗っ取るためだったが、娘の美しさにも目が眩んだというわけだ。

当然、周囲は反対する。その娘にしてみたら父親を卑怯な手で殺されているわけだから相当な恨みを持っているはずで、側室になって油断させたところで、「父上の仇！」と、寝首を掻かれてもおかしくない。でも、どうしても娘を手に入れたい信玄は反対を押し切って側室にしてしまった。幸い、寝首は掻かれず、信玄の子を生み、その子が後の武田勝頼になるわけだが。

一方の上杉謙信はといえば、生涯不犯（女性と交わらない）だったことはこれまた有名な話だ。幼い頃寺に入れられて僧侶を目指していたという謙信は、人並み外れて信仰心の厚い戦国武将である。だから仏教の戒律を守り生涯不犯を通したのだ。

ただ、生涯不犯を通したのは実は女だったから（！）なんていう驚き桃の木な説もある。それを裏付ける話として、謙信は毎月十日頃になると腹痛を理由に出陣を止めたことが多いことから生理だったのではないのか？　とか、越後に伝わる民謡に「まんとらさまは　男もおよばぬ大力無双」という歌詞があって、まんとらさまとは謙信のことで、その謙信が「男もおよばぬ大力無双」、つまりは「男もかなわない力持ち」と歌われているからとか。

あるいはスペインに残されたフェリペ2世の記録に「上杉謙信は上杉景勝の『叔母』である」と記されているとか、女は寄せつけなかったが、美少年を周りにはべらすのが好きだったから、やっぱり女だったのでは？　とか。

もしそうだったとしたら、いかにも男っぽい信玄と、実は女だった謙信がジャンヌ・ダルクのごとく戦っていたなんて、直虎もびっくりというか、カッコいいかもしれない。

かたや戦国時代最強といわれた信玄。かたや負け知らずの軍神といわれた謙信。このふたり、強さの秘密も対照的だった。

信玄といえば「風林火山」の軍旗で有名だが、この言葉は孫子の兵法書の一文からとったもので、その兵法書は信玄の愛読書でもあったのだ。

戦国時代、合戦で兵士たちはむやみやたらに敵陣に突っ込んでいったのではなく、組織的な統制のもとに動いていて、その基になっていたのが陣形だった。陣形は孫子の兵法書など中国の兵法書を参考にして生み出されたもので、その陣形を本格的に取り入れていたのが信玄だったのだ。いってみれば書物に学んでそれを実践に移していった人だった。

対して謙信は、子供の頃から大きな城の模型のようなものをつくって、暇さえあれば城攻めをシミュレーションして遊んでいた。いわば子供の頃から身体で戦術を学んでいった人だった。今どきのトップアスリートのその多くが幼い頃からスポーツをはじめているが、謙信はその走りみたいなもの。謙信が馬術の達人だったというのも実にうなずける。

川中島の戦いで信玄と謙信はどっちが勝った？

そんな信玄と謙信はどちらが強いのか？　このネタは、関ヶ原の戦いで、もし小早川秀秋が裏切らなかったらどうなっていたのか？　みたいな、歴史好きの間でテッパンネタのテーマだったりするが、やはりそれは川中島の戦いで五回も戦っているにもかかわらず、どちらも勝利宣言をしていたりして、決着がついたとは言いがたいところがあるからだ。

そもそも、川中島の戦いでは実質、激闘を繰り広げた第四次川中島の戦い以外はほとんどにらみ合いに終わったようなものだった。そして、ここにもまた二人の戦に対する考え方の違いが対照的に現れていたのである。

信玄にとって戦とは結果がすべてだった。結果さえよければ引き分けでもいい。極端なことをいえば負けてもいい。戦もまた国を治めるためのものであり、勝ち負けにこだわって家臣を失ったり、国を疲弊させるべきではない。そんな合理的な考え方だ。

一方の謙信はというと、戦は「義のために戦う」のである。これはもう謙信のキャッチフレーズみたいになっているからご存じだろう。義のために戦い、義のために勝つ。損得は二の次だった。

川中島の戦いは信玄が信濃の国を侵略したことがきっかけではじまった。侵略された豪族の村上氏が謙信に泣きつき、「それはけしからん」と謙信が義のために立ち上がり、信玄に奪われた信濃の国の領地をたちまち奪い返し、信玄の前に立ちはだかった。

だが、信玄は下手に動こうとはしなかったのである。奪い返された領地は謙信が去ってからまた奪い返せばよい。つまり、ここですでに二人の戦に対する考え方の違いがよく現れていたのだ。そんなわけで、第一次、第二次、第三次川中島の戦いまでは、戦はにらみ合いのような膠着状態で終わっていた。

しかし、第四次川中島の戦いでついに両者はぶつかった。これまで正面から戦うことを避けていた信玄がなぜその方針を変えたのかというと、第三次川中島の戦いから第四次川中島の戦いまでの四年間、状況がずいぶんと変わっていたのである。

ひとつは謙信が上洛して幕府から正式に関東管領の役職を授かったこと。関東管領の役割は関東を統治することなので、つまり謙信は「関東の秩序を回復させる」という大義を手にしたことになる。義の人、謙信は当然その使命に燃えて関東平定のために動き出す。そしてもうひとつ。そんな折に今川義元が桶狭間の戦いで信長に討たれてしまった。今川は武田、北条と三国同盟を組んでいたのでこれは痛かった。

謙信はそこを見逃さず、北条が支配していた関東平野に一気に攻め込んだ。「関東を不当に支配している北条を関東管領である上杉が成敗する」という大義のもとに（謙信にとってここはポイント）。そうしてわずか七カ月で北条軍を小田原城まで追い詰めてしまった。

それでどうなったかというと、武田の領地の半分近くが上杉に包囲された形になった。三国同盟を組んでいる、後方の今川は混乱状態であり、北条は攻め込まれている。もしこれで小田原城が落とされたら、次の標的になるのが武田であることは火を見るよりも明らかだった。これを食い止めるには先手必勝で謙信の越後を攻め落とすしかない。と、こうして第四次川中島の戦いがはじまった。

信玄は川中島に建つ海津城（実は、この城、謙信が小田原で北条攻めをしている間に、今こそがチャンス、城を建ててしまえと築いた城である）に入って謙信を待ちかまえた。

対して謙信が陣を張ったのが川中島を見下ろせる妻女山だった。何日もにらみ合いが続いた後に、まず動いたのは信玄だった。夜のうちに兵を二手に分け、闇にまぎれて妻女山の前後に軍を忍ばせた。狙いは、まず背後から謙信軍を奇襲して、妻女山から追われて降りてきたところを本軍が待ちかまえ、奇襲部隊と挟み撃ちにすること。これが名軍師と名高い山本勘助の策「啄木鳥作戦」である。

しかし謙信はそれをあっさりと見破った。なぜ見破れたのかというと、その日の夕刻に海津城内からやたらとかまどの煙が上がっていたからだった。いつもよりも多かった煙の量を見て、これは出陣する兵のための兵糧をつくっているに違いない。さては奇襲するつもりだな？と。

そこで謙信軍は先手を打って密かに一万三千の大軍を妻女山から下山させ、千曲川を渡って信玄の本軍の対面に布陣した。これが後になって「鞭声粛粛《べんせいしゅくしゅく》、夜河を渡る」と詠じられた、第四次川中島の戦いの名場面だったりする。

決戦の朝、川中島は深い霧につつまれていた。夜明けとともにその霧が晴れてすべてが動き出したときに、信玄が仰天したのはいうまでもないだろう。目の前に謙信の軍がビシッと隊列を組んで、こちらに攻めかからんとしていたのだから。

そのように劇的にはじまった第四次川中島の戦いは壮絶なものとなった。朝のうちは、虚を衝かれた形となった信玄の本軍は大劣勢。妻女山を奇襲した奇襲部隊も妻女山がもぬけの殻になっていることを知り、すぐさま下山したが、下で待ち構えていた謙信の軍に攻め込まれた。

ちなみに、謙信が単騎で本陣の信玄目がけて斬り込んできて、それを信玄が軍配で受けたという有名なエピソード。あれが事実であれば、この信玄の本陣が手薄になっていたときではないかといわれている。

しかし謙信軍の好機はいつまでも続いたわけではなかった。ようやく戻ってきた奇襲部隊が、今度は謙信軍に背後から襲いかかった。形勢はたちまち逆転して、謙信軍が信玄軍の本軍と奇襲部隊に挟み撃ちにされたのだ。

かくして、戦いは熾烈を極めて、合戦が終わったときには二万七千人というおびただしい死傷者が出たといわれている。信玄の名軍師、山本勘助も戦死した。

第四次川中島の戦いは謙信の軍が撤退する形で終わったので、当然、信玄は勝利の勝ち鬨をあげた。しかし、一方の謙信も信玄の軍に大打撃を与えたということで、この戦いを勝利したとしている。つまりどちらも負けを認めていないというわけだ。

その三年後、信玄軍と謙信軍はまた川中島でにらみ合うことになったが、被害を出すことを避けた信玄は動かず、約一カ月のにらみ合いの末に五回に渡った川中島の戦いの幕は下りた。

隠し湯でもお互い一歩も譲らない信玄と謙信

結局、川中島の戦いでも決着がつかなかった感がある信玄と謙信であるが、この二人は温泉でも張り合っているかのように隠し湯をたくさんもっていた。甲府、信州、上越といえば今でもいい温泉がたくさんあるから、これは大いにうなずけることだ。

　そんな二人の隠し湯だったとされる温泉をいくつか紹介しよう。前述したように、第四次川中島の戦いで、謙信が信玄目がけて斬り込んできたとき、謙信が振り下ろす刀を信玄は軍配で受けたとされている。

　まず一の太刀。これは完全に受け止めることができた。しかし続く二の太刀で信玄は腕に傷を負い、さらに三の太刀で肩に傷を負ったという。後になってその軍配を見ると七つの刀傷が残されていたそうで、それは「三太刀

七太刀の跡」といわれている。そのときの傷を癒やすために湯治したとされる温泉が、山梨県の〝下部温泉〟である。

その湯は現在でも「古湯坊　源泉館」の岩風呂として残っている。ここの湯は温泉好きの間でも神秘的な名湯として有名だ。湯温は三十度と体温よりも低い。ほとんど水に浸かっているような感じなので冬はきびしいが夏は気持ちがいい。

また、この「古湯坊　源泉館」には別の熱い源泉も引かれていて、冷泉と熱い湯に交互に浸かるというのが「古湯坊　源泉館」のおすすめの湯の入り方なのだけれども、この交互浴がまた実にいい。自分の身体がじわじわと喜んでいるのが、浸かっていてよくわかる。

そんな冷泉の岩風呂は十五畳ほどの広い湯船で底の岩盤から毎分二百～四百リットルもの湯が絶えず湧き出しているという、贅沢な足元湧出のかけ流しなのである。温泉は空気に触れると酸化してしまうので、空気に触れない湯に浸かることができる足元湧出の自噴泉は、全国でも貴重なのだが、そんな貴重な足元湧

古湯坊　源泉館

住所：山梨県南巨摩郡身延町下部 45 番地
連絡先：0556-36-0101
※現在、立ち寄り入浴は行っていません。

出の自噴泉がこんなに広い岩風呂で味わえるのが、ここ「古湯坊　源泉館」の岩風呂なのだ。そんな湯はここにしかない。信玄が刀傷を癒やしたという湯の力をこの岩風呂でぜひとも体感してもらいたい。日本温泉協会からもオール五の評価をもらっている湯だ。

次に紹介したい信玄の隠し湯は、長野県の小谷温泉の「大湯元　山田旅館」だ。ここは越後と信州の国境近くにあって、まさに川中島の戦いで信玄の家臣によって発見された温泉なのである。

雨飾山の標高八五〇メートルの山腹に建つ「大湯元　山田旅館」に行けば、なるほど、こういう場所に隠し湯があったのか、戦国時代に隠し湯が野戦病院のような役割を担っていたんだなぁということが、場所的によく理解できる。

「大湯元　山田旅館」の湯は周囲の雄大な山々を眺めながら湯に浸かれる展望露天風呂も素敵だけれども、ぜひとも内湯に浸かってもらいたい。二メートルの

大湯元　山田旅館

住所：長野県北安曇郡小谷村中土 18836
連絡先：0261-85-1221
入浴料：元湯 500 円　外湯 700 円
営業時間：立寄湯　10:00 から 15:00　通年営業

高さから打たせ湯のように落ちてくる源泉は熱めの炭酸水素塩泉。これがまた身体にじわじわ効くのである。こちらも日本温泉協会からオール5の評価をもらっている。

浴室内には大木みたいなものが飾られてあって、実はそれは打たせ湯のように落ちてくる源泉の温泉の成分が固まってできたものだったりして、つまりはそれだけ温泉の成分が濃厚であることが窺い知れるのだ。

江戸時代に建てられた建物が今も残る「大湯元　山田旅館」は国の登録有形文化財に指定されていて、宮大工の技が生きているその建造物も魅力である。力強い湯を堪能した後、昔めいた宿の木の欄干越しに雄大な山の景色を眺めながらの缶ビールはたまらなくよい。

最後に紹介したい信玄の隠し湯は、山梨県の川浦温泉の「山県館」。ここは玄関に入ると年季の入った鎧兜が出迎えてくれるのだけれども、この鎧兜は武田四天王の一人である山県昌景のもので、なんとこの宿はその子孫が経営している。もともとは笛吹川の上流に鎌倉時代から湧いていた温泉を、信玄が湯治場として開発させたのがこの宿のルーツで、山県昌景はいわばその開発の担当者だったというわけだ。

だから館内には昌景の鎧兜だけでなく、信玄が湯治場の開発を命じたときの古文書の写しや、狩野派の竹翁養渓による信玄と昌景の肖像掛け軸など、ゆかりの品があれこれと展示されている。これはもう信玄ファンならば、ぜひとも泊まってみたい宿なのである。

そんな「山県館」にはいくつか温泉があるが、おすすめなのが混浴の信玄公岩風呂だ。伊勢神宮の宮大工の手による入母屋造りの屋根の下に三つの湯船があって、そこに源泉がかけ流され、それぞれの湯船にオーバーフローさせることで熱い湯がすこしずつ冷まされるので、違う湯温で湯が楽しめる。湯はほのかな硫黄臭がある無色透明のアルカリ性単純温泉。湯上がりに肌がすべすべになる美肌の

山県館

住所：山梨県山梨市三富川浦 1140
電話：0553-39-2111
入浴料：大人 1,500 円　子供 800 円
営業時間：11:00～15:00（14時受付終了）　不定休（HP記載）
※混雑時は日帰り入浴の営業を中止する場合があります。

湯である。

個性豊かな謙信の隠し湯たち

さて、では次は謙信の隠し湯。まずは貝掛温泉を紹介する。信玄が関東管領になって関東平野へ攻めていったその行き帰りに湯治したとされる温泉地である。その歴史は古く開湯七百年を誇り、巡礼をしていた白雲禅師が発見したと今に伝わる。温泉地といっても宿が一軒あるだけで、宿の名は温泉地そのままに「貝掛温泉」。

この一軒宿というところがまた秘湯ムードを盛り上げてくれるのだ。ここの湯は全国でも珍しい目に効く湯として古くから評判の湯でもある。明治時代には「貝掛温泉」の湯守だった与之助六代目の茂木与平治が内務省の製造販売許可を得て「快眼水」の名で目薬として販売したというのだから、その薬効も実に期待できるといえるだろう。

もうひとつ「貝掛温泉」の湯の特徴をあげると、湯温が体温とほぼ同じの三十七度の「ぬる湯」であること。だから、ここ「貝掛温泉」では「長湯」入浴法が定番の湯の浸かり方になっている。

一時間ほど「ぬる湯」にのんびりと浸かって、それから加温された「熱い湯」にさっと入って身体を温めるというのがここの入浴法だ。「ぬる湯」に浸かってしばらくすると身体中に泡がつきはじめるが、これが身体が温まりはじめた合図で、そこから温泉の成分がじわりじわりと身体に染み込んでいくのである。

湯船は内風呂と露天風呂があって、どちらも源泉がどばどばと贅沢にかけ流されている。「貝掛温泉」の湯は塩分と炭酸、メタホウ酸、メタケイ酸を含んでいて、それでもって体温に近い湯温なので、長湯がなんとも心地いい。二時間、三時間もいけそうだ。謙信はこんなよい湯に浸かっていたのかとしみじみと思えることうけあいなのである。ここも日本温泉協会からオール5の評価をもらってい

貝掛温泉

住所：新潟県南魚沼郡湯沢町三俣 686
電話：025-788-9911
入浴料：平日 1,000 円　休前日 1,200 円
日帰り温泉の営業時間：11:00 ～ 15:00（最終受付 14:00）

る。

貝掛温泉も薬効あらたかな湯だが、謙信の隠し湯の中でももっとも薬効あらたかなのが新潟県の松之山温泉である。有馬温泉、草津温泉と並んで日本三大薬湯のひとつとしてうたわれている温泉だ。

それもそのはず、ここ松之山温泉の湯は、温泉法で温泉であると認められる基準値の、なんと十五倍もの温泉成分が含まれているのである。しかも塩分が濃い。その昔、松之山温泉の湯から塩を採取したというのだから、その濃さが窺い知れるだろう。だが、松之山温泉は山の中の温泉なのである。普通、塩分が濃い温泉といえば海の近くの温泉と相場が決まっているのだ。いったいなぜなのか？

実はそこもまた松之山温泉のユニークなところで、ちょっと専門的な説明をすると、松之山温泉はジオプレッシャー型温泉という珍しい温泉でもある。温泉といえば、多くは火山やマントルの熱によって地上に湧き出すものだけれども、松之山温泉の湯は一千万年前に大きな地殻変動によって地下に閉じ込められた海水が熱ではなく、水圧によって地上に吹き上げられるという、とても珍しいタイプの温泉だ。

　このジオプレッシャー型温泉は、日本にほんの数カ所とメキシコに一カ所しか確認されていない、という超レアな温泉なのである。だから、山の中にこんな塩分が濃い温泉が湧いているというわけだ。そんなことを聞くと浸かってみたくなるのではないだろうか。

　その松之山温泉に建つ、ひときわ風格のある木造三階建ての宿が「凌雲閣」だ。有形文化財に登録された築八十年を超える建物の館内は飴色に変色した木材がつやつやに磨き上げられ、「やっぱり木っていいなぁ」と思える魅力を放っている。部屋も当時の宮大工たちが競って趣向を凝らしたというだけあって実に技と個性にあふれている。

「凌雲閣」の湯は、謙信も浸かった古くからの松之山温泉の源泉「鷹の湯」と、

凌雲閣

住所：新潟県十日町市松之山天水越 81
連絡先：025-596-2100
入浴料：大人料金：500 円　子供料金：300 円
ご利用時間：12:00 ～ 15:00
※都合によりお受けできない場合もございます。事前に電話で確認のうえお越しください。

「凌雲閣」の自家源泉である「鏡の湯」と、二本の源泉を引いているので、それぞれの源泉を楽しめる。

浴室に入るとコールタールに薬草を混ぜたような独特の匂いが鼻をついてきて、「おお、さすがは日本三大薬湯のひとつ！　普通じゃないな」と、期待が高まってくる。自家源泉の「鏡の湯」を引いた大浴場は循環湯だが、貸し切りの家族風呂は「鷹の湯」の源泉かけ流し。「鏡の湯」のほうがあっさりで、「鷹の湯」のほうが濃厚な感じ。ぜひ入り比べて松之山温泉の湯を堪能してほしい。また、松之山温泉には「鷹の湯」を気軽に楽しめる日帰り温泉施設、その名も「鷹の湯」もあるので立ち寄ってみよう。

次は謙信にまつわる不思議な伝説をもつ、富山県の生地温泉を紹介したい。その昔、謙信が北陸の様子を探ろうと家臣をひき連れて黒部川を越えて越湖まで来たときに突如脚気《かっけ》をわずらって重篤な状態に陥った。脚気なんていうと、病院で小さなゴムのハンマーで膝の下を叩くあれでしょう？　というくらいの認識の人

たなかや

住所：富山県黒部市生地吉田新 230
連絡先：0765-56-8003
入浴時間：宿泊 6:00 ～ 23:00、
日帰り入浴 13:00 ～ 21:00

も多いと思うが、昔は命を落とす恐ろしい病だったのだ。

そこで家臣たちは近くの新治神社が霊験あらたかであることを聞きつけて祈願をした。すると、その夜に謙信の枕元に白髪の老人が立って「明朝の卯の刻に外に出て白鳩に導かれるままについていき、白鳩が杖に止まったとき、杖で地中を打てば清水が湧き出し、その霊水で入浴すれば必ず治る」とお告げをしたというのだ。

それで、謙信がそのお告げに従って湧き出た霊水で入浴しながら数カ月滞在しているうちに脚気は見事に治った、とそんな伝説がある温泉だったりする。

現在、生地温泉には「たなかや」が一軒あるだけだが、この「たなかや」は明治創業の老舗で五千坪の見事な日本庭園が自慢の宿である。湯は源泉の温度が低いために沸かし湯であるが、塩気を含んだ湯は身体を芯まで温めてくれる。

なにしろ、この湯が謙信の命を救った湯なのである。謙信が越湖を訪れた正確な時期はわからないけれども、この湯がなければ、もしかしたらあの川中島の名勝負だってなかったのかもしれないのだ。心して湯に浸かろうではないか。湯船からは「たなかや」自慢の庭園が眺められ、それがまた格別なのである。

最後にひとつ、ちょっとワイルドな謙信の隠し湯を紹介したい。新潟県は燕温泉の「河原の湯」と「黄金の湯」。どちらも日本百名山の妙高山の登山道沿いにある、なんと無料で入れる野天風呂である。燕温泉の湯は少しブルーがかった白濁湯で泉質は硫黄泉・炭酸水素塩泉・硫酸塩泉。切り傷や皮膚病なんかに効くとされている湯である。浸かればわかるけれど、なんとも濃厚な湯なのだ。

そういう、いかにも温泉っていう感じの湯に、旅館とか日帰り温泉施設というところで浸かるのではなく、自然の中の野天風呂で、山の緑や岩肌に抱かれているような感じで浸かっていると、「ああ、温泉っていうのはやっぱり神秘的な自然の恵みなんだなぁ」っていうことが実によくわかるのだ。

そしてまた、「思えば戦国時代のリアルな隠し湯っていうのは、きっとこうい

河原の湯

住所：新潟県妙高市燕温泉
連絡先：妙高高原観光案内所（0255-86-3911）
入浴料：無料
営業時間：日の出から日没まで（冬期間は閉鎖）

黄金の湯

住所：新潟県妙高市燕温泉
連絡先：妙高高原観光案内所（0255-86-3911）
入浴料：無料
営業時間：日の出から日没まで（冬期間は閉鎖）

う野湯に陣幕なんかを張って、そんなところで武将や兵士たちは湯に浸かってい
たんじゃないかなぁ」と、この野趣あふれる湯に浸かっていると思えてくる。

つまり、このふたつの湯は、そういう隠し湯のリアリズムを感じながら堪能できるのだ。どうだろう。歴史好きにとってそれもまた至福の時間になるのではないだろうか。

また、燕温泉の近くには同じく謙信の隠し湯とされる関温泉もある。こちらは燕温泉とは対照的に鉄分をたっぷり含んだ、それはもうタオルが染まるほどの赤い湯が特徴だ。赤い湯の関温泉と白い湯の燕温泉の両方をいただけば、ほら、なんていうか紅白な感じで運気も上がるかもしれない。それは冗談として、せっかく近くにあるので両方楽しまないという手はないのではないだろうか。

信玄の隠し湯、謙信の隠し湯はまだまだあるけれども、数もさることながら、温泉の湯の個性でも競い合っているみたいでおもしろい。どこまでも、どこまでも好敵手同士の二人である。

第3章

ようこそ！　戦国時代のトリックスター真田の里へ

家康の天敵、真田一族

本書に登場する戦国武将の中でもっとも歴史と湯巡りの旅を満喫できるのが真田一族だろう。そのゆかりの地には、温泉と史跡がバランスよく点在しているのだ。

大河ドラマ「真田丸」の中でも草刈正雄さん演じる、ちょっとすっとぼけた真田昌幸が滝川一益に「この辺りでよき湯治場はないか」と訊ねられて、すかさず「それならば草津が」と薦めていたシーンがあった。そう、真田一族が治めていた一帯は今でいうところの長野県、群馬県の辺りで、いい温泉がいっぱいあるのである。昌幸が間髪を入れずに「草津」と答えたのもまさにジモの面目躍如といったところだ。

ただ、あのシーンは、まだ本能寺の変を知らなかった一益を、なるべく情報から遠ざけておきたかった昌幸が、しれっと「それならば草津が」といったようにも読めて、三谷幸喜さんなら、そういう「わかる人だけわかればいい」的なセリフをいかにも仕込みそうだ。それを草刈正雄さんがすっとぼけた絶妙な演技で演じたのがあのシーンだったのではないかと思わずにはいられない。

戦国時代の歴史の中で真田一族のポジションはというと、あの家康の天敵的な存在だった。その家康キラーとしての名を世に轟かせたのが第一次・第二次上田合戦だ。

第一次上田合戦では徳川軍七千に対して真田軍千二百という圧倒的に不利な条件を逆手に取った。あえて上田城の二の丸まで攻め込ませて〝楽勝ムード〟を漂わせ、徳川軍をぎりぎりまで引きつけたところを勝手知ったる上田城の構造をうまくいかしながら一気に反撃に出た。あわてて退散する徳川軍に対して外で待ち構えていた真田の別働隊が襲いかかり、見事に撃退した。

また、第二次上田合戦では、上田城を明け渡すよう勧告してきた徳川秀忠に「降伏の準備をするから猶予が欲しい」というような返答をして秀忠をじらし、しびれを切らした秀忠がふたたび勧告をすると「時間をもらったおかげで戦の準備は整った。一戦交えよう」という、人を食った返答をして秀忠を激怒させた。真田昌幸は、まだ若く、しかも初陣ゆえに手柄を焦りがちな秀忠の心を読んで平常心を失わせたのである。

このとき秀忠の軍は関ヶ原の戦いに参戦するために進軍していたこともあり、参謀の本多正信が「今、上田城にかまっているひまはない」と諫めたにもかかわらず、完全に頭に血がのぼってしまった秀忠は聞く耳をもたなかった。

それこそまさに昌幸の思う壺で、昌幸は第一次上田合戦のように上田城の構造を巧みにいかして反撃し、あらかじめ築いてあった神川の堤防をくずして、秀忠軍を水攻めにして撃退した。このときは秀忠軍は三万八千、真田軍は三千五百、昌幸はなんと十倍以上の軍を心理作戦と水攻めで破ったのである。

二度に渡って徳川軍に大打撃を与えた戦いの舞台が上田城なのだが、そもそもこの上田城、昌幸が家康に資金を出させて築いた城なのだから、なんとも痛快というべきだろう。

　そんな、家康キラーのポジションは次男の幸村も引き継いだ。

　大阪冬の陣では、籠城戦の常識をくつがえすような、大阪城に出城である真田丸を築いて、徳川軍を誘き寄せて大打撃を与えた。続く夏の陣では捨て身の覚悟で敵陣に奇襲をかけて突破し、家康のいる本陣まで攻め込み、あと一歩のところまで家康を追い詰めた。

　このとき、家康の本陣はしっちゃかめっちゃかになり、軍旗も馬印もなぎ倒されたという。家康が戦った生涯の

戦の中で馬印が倒されたのはかつて信玄に大敗して命からがらに逃げ出した三方ヶ原の戦いと、この幸村に追い詰められたときだけで、家康は観念して切腹を覚悟したというのだから、幸村は信玄以上に、もっとも家康を追い詰めた武将ということになる。

また、その幸村の兄である信之も忘れてはならない。関ヶ原の戦いといえば天下分け目の戦いといわれたように、全国の武将が豊臣方と徳川方に分かれて戦った大戦であり、どっちに付くかは当時の武将たちにとって生き残りをかける究極の選択だった。

そんな決断を迫られたのは真田一族も例外ではなく、苦渋の決断の末、真田家の存続のために徳川方についたのが信之だった。結果、勝利したのは徳川方の東軍で、その後、大阪の陣で動乱の戦国時代に終止符が打たれた後、信之は松代藩十万石の大名となり九十三歳まで生きた。

まさに信之によって真田家の血は途絶えずに済んだというわけだが、時代が下って、幕末、松代藩は天才兵学者の佐久間象山を輩出する。この象山に強く影響されたのが長州藩の吉田松陰であり、この吉田松陰の私塾であった松下村塾から、高杉晋作や久坂玄瑞や山縣有朋、伊藤博文といった幕末の志士たちが出てきて、薩摩藩とともに徳川幕府を倒してしまうわけなのだ。

もちろんそれを信之の功績だなんていうつもりはないが、真田一族の妙な因果を感じずにはいられない。

真田の聖地、上田へ行こう

上田城がある長野県の上田市はまさに真田の聖地だ。家康キラーの象徴というべき上田城跡や、その周辺にも真田一族ゆかりの史跡がたくさんある。真田ファンにとって上田市はまさに真田テーマパークみたいな街なのである。

その上田城の近くにある温泉地が別所温泉だ。池波正太郎の小説『真田太平記』の中でも別所温泉は幸村がよく浸かっていた湯として登場する温泉で、これはあくまでも小説の中の話であるけれど、この別所温泉の湯の中で幸村は年上の女忍者お江とむすばれて晴れて〝大人〟になった。

その湯が、現在、共同浴場として残されている「石湯」だ（ただ、幸村が来たという記録はなく、小説の中だけの話かもしれない）。「石湯」の湯は無色透明でほんのり硫黄の香りがする熱めの湯。かけ流しではないが、美肌効果がある弱アルカリ性のさっぱりとした浴感が、くせがなくて身体に心地いい。こんな湯にたった一五〇円（本書執筆時点）で浸かれるのはうれしいことだ。ここはぜひ『真田太平記』を読んで、気持ちを盛り上げてから立ち寄りたい湯だ。

また、別所温泉には、この石湯以外にも吉川英治著『新平家物語』で木曽義仲と葵の上の話が出てくる「大湯」や慈覚大師ゆかりの「大師湯」があるので、共同湯巡りを楽しむのもよいだろう。真田の聖地巡りで歩き疲れた身体を大いに癒やそう。

石湯

住所：長野県上田市別所温泉 1641-1
連絡先：0268-38-0243
入浴料：150 円
営業時間：6 時～ 22 時　定休日は第 2・4 火曜日（祝日の場合は営業）

幸村と猿飛佐助ゆかりの温泉

もうひとつ真田の隠し湯として有名なのが角間温泉だ。この角間温泉の名前の由来は、おもしろいことに真田の隠し湯であったことから「隠れ間」が訛って「角間《かくま》」になったのだという。

その角間温泉の秘湯ムード漂う一軒宿が「岩屋館」である。

「岩屋館」には混浴の露天風呂と男女別の内湯の大浴場がある。露天風呂は湯船が透明の湯と茶色の湯のふたつに分かれていて、透明な方は角間渓谷に湧く銘水を沸かした湯で、この銘水は真田家が茶の湯として汲みにきていたという伝承が残されている。

もうひとつの茶色い湯の方は炭酸泉だ。鉄分も含んでいるので空気に触れることで茶色くなる。湯温はちょっとぬるめで、浸かっているとだんだんじんわりと身体に効いてくる感じの湯である。そのじんわりがとてもいいのだ。人里離れた

岩屋館

住所：長野県上田市真田町長 2868
連絡先：0268-72-2323
入浴料：1,000 円
営業時間：12:00 〜 14:30
（設備点検のため不定休。当日お電話にてご確認ください）

渓谷ならではの大自然の緑に癒やされながらゆっくりと露天の湯を楽しめる。

内湯の大浴場も炭酸泉と銘水の沸かし湯のふたつの湯船に分かれている。ここもまた大きなガラス窓越しに渓谷の迫り来る緑豊かな岩壁が眺められたりするのだが、実はこの急峻な岩壁は、その昔、猿飛佐助が修行したとされているのだ。

また、この岩壁の近くには幸村と猿飛佐助がはじめて出会ったという「佐助幸村渇見の地」もあって、ここで、幸村は佐助の驚くべき身体能力に惚れ込み、その場で家来に召し抱えたという。

とはいえ「真田十勇士」はフィクションなので佐助も架空の人物なわけだが、そんな虚実混じった場所があるところに「真田の里にきたんだなぁ」と実感できるのではないだろうか。真田一族といえば忍者のイメージがある、ちょっとミステリアスな一族でもあった。そんなところを感じさせてくれるのが、この「岩屋館」なのである。

信之ゆかりの松代温泉

最後に信之ゆかりの松代藩の温泉を。長野県の松代温泉は古くは武田信玄の隠し湯と呼ばれていた。ここの湯は鉄分を含んだ高めの含鉄泉で疲れを癒やしてくれるいい湯なのである。

そんな松代温泉でおすすめしたいのが「国民宿舎松代荘」だ。国民宿舎だなんて聞くとお風呂も料理も宿もそこそこっていうイメージがあるかもしれないけれども、ここは違う。なかなかやるのである。まず外観からして真田邸の文化財の門である「冠木門」に似せてつくったファサードで、とても国民宿舎には見えない。敷地内には豪華な日本庭園があって、湯上がりもそれをロビーのソファにゆったりと座って楽しめるのだ。

そんな「国民宿舎松代荘」の湯は温泉法の基準をはるかに上回る濃厚な源泉かけ流しの湯。鉄・ナトリウム・カルシウムなども多く含んだ濃厚な湯なのだ。高めの湯だから、長湯は難しそうだけれども、とても温まる温泉だ。湯あたりしてしまうからほどほどに浸かろう。宿の料理も民間のホテルから引き抜かれたという、確かな腕前の板前さんがつくるだけあって、国民宿舎のレベルをはるかに超えている。湯も料理もあなどれないのである。

国民宿舎松代荘

住所：長野県長野市松代町東条 3541
連絡先：026-278-2596
入浴料：大人 510 円　小学生 200 円　幼児無料
営業時間：午前 10 時〜午後 10 時まで　午後 9 時 30 分受付終了

第4章

小田原攻めの超豪華キャストたちの疲れを癒やした湯

井の中の蛙だったのか？　嵌められたのか？

よく「世界を敵にまわす」なんてことがいわれるが、戦国時代、図らずもそれをやってしまった感があるのが関東を支配していた北条氏政だった。

総勢二十二万をも超える大軍が、陸から海からと、ひとつの城を包囲する。そんなことがありうるなんて、たとえば氏政の曽祖父であった北条早雲の時代では想像だにできなかったことだろう。

しかも、その包囲された城が、かつての早雲の城、小田原城であり、さらには、その包囲している敵兵たちを癒やした湯が、かつては、その早雲が愛した湯だったというのだから、歴史の巡り合わせとは、なんとも皮肉なものなのだ。

秀吉の小田原城攻めは、再三にわたって上洛を命じたにもかかわらず頑なにそれを拒んだ氏政を屈服させるためのものだった。小田原城攻めの二年前、京の聚楽第で後陽成天皇が見守る中、全国の大名たちは秀吉に誓紙を差し出して忠誠を誓っていた。

つまり、もう戦国の世のパワーバランスが大きく動くことなんかないということを誰もがわかっていたのである。だから、それでも上洛を拒んでいた氏政は、時勢を読めない身のほど知らずの〝井の中の蛙〟だったというのが定説となっている。だが、そうではなく、氏政は完全に秀吉に嵌められたという説も最近になって有力になってきているのだ。それはどういうことなのか。

秀吉が氏政征伐に乗り出した〝大義〟は勝手に戦をすることを禁じるために発布していた「惣無事令」だった。氏政はこの「惣無事令」を破ったとして成敗されることになったのだ。その発端は当時、氏政と真田昌幸の間でもめていた沼田の領地問題だった。この領地問題に対して秀吉は沼田領を三等分し沼田城を含む三分の二を北条の領として、残る三分の一の名胡桃城周辺の地を真田の領とせよという裁定を下した。これで氏政と昌幸とのもめごとはおさまったかのようだったが、ある時、氏政の家臣である猪俣邦憲が昌幸の名胡桃城を襲撃して乗っ取ってしまったのである。

当然それを知った秀吉は激怒した。上洛になかなか応じないばかりか、自分が下した裁定があっさりと破られてしまったのだから。氏政は家臣が勝手にやったことで自分はあずかり知らないと申し開きをしたが、秀吉はもう聞く耳をもたなかった。「よくもわしの裁定を無視して、さらには惣無事令も破ってくれたものだな」と、かくして小田原城攻めがはじまったというわけであるが、これは秀吉が昌幸と申し合わせてのことで、名胡桃城の防備をわざと甘くして乗っ取られるように仕向けたのではないかというのだ。

実際のところ、沼田の領地問題の件だって、名胡桃は先祖代々の地であるからそこだけは残してほしいという、昌幸の嘘のいい分を、秀吉はわかっていながら認めたようなフシがあったし、それればかりか、秀吉から北条征伐を告げられたときに昌幸は知行の加増の約束までもらっているようなのである。表向きは昌幸はなんの手柄も立てていない。これは事件の裏で秀吉と申し合わせて名胡桃城の襲撃に仕向けたことに対しての褒美である、とも見て取れるのだ。

さらに、北条征伐は名胡桃城襲撃事件のもっと前からすでに決まっていたという説すらある。しかも名胡桃城襲撃事件も本当はなかった事実無根のでっち上げであった、という驚くべきことまでも。

ここら辺のことは、歴史研究家の森田善明氏・著『北条氏滅亡と秀吉の策謀』に詳しく、秀吉の謀略がミステリーを読み解くかのようにじわじわと浮き彫りにされていくのがおもしろく読み応えがあるので、興味のある方はご一読を。

真相はわからないが、信長が本能寺の変で討たれてから、あの手この手で巧みに織田家を乗っ取っていった秀吉のことだ。大いにありうるというか、事実であるならば、それはそれで実に秀吉らしいといえるだろう。

それって北条の湯なんですけど……

　そうして秀吉劇場の幕がド派手に上がった。いつの時代でも人は誰も見たことのないものの前ではひれ伏すものである。秀吉の小田原城攻めは見せしめ以外のなにものでもなく、それは北条にケタ違いの武威を見せつけるというよりは、味方として参戦した全国の大名たちに、自分に逆らえばこうなるのだということを、空前絶後のインパクトでもって暗に示したのである。

　総勢二十二万を超える大軍が東海道から、北陸から、そして相模湾から小田原城に迫ったのは天正十八年（一五九〇年）の春のことだった。最初に小田原城の西の防衛の要の山中城を落として脅威を見せつけた。

　この山中城は「障子堀」という、格子状の空堀を何重にも設けて蟻地獄のように敵を落とし込んで狙い撃つ仕組みを備えた、手強い城でもあった。それを秀吉軍はわずか二時間で落として北条軍の出鼻をくじいた。

それから十数日の間で秀吉軍は小田原城を完全に包囲して封鎖した。とはいえ小田原城といえば、かつてあの信玄や謙信の猛攻もはねのけた難攻不落の城である。秀吉も長期戦になることはわかっていた。

だからこそ経済力にものをいわせて大量の兵糧を用意して長期戦に備えたわけだが、備えたのは兵糧だけではなかった。

「この陣中で一生暮らしても退屈しないだろう」。秀吉が張った陣を訪れた武士のひとりが思わずそう手紙にしたためたということが今も記録に残っているように、秀吉の本陣は常識をはるかに超えたものだったのだ。

まず、なんでも手に入った。陣中では全国からやってきた商人たちが各地の名産品はもとより唐や高麗の舶来品までをも売っていた。店を出していたのは商人ばかりではなく、遊女たちの小屋まであった。庭付きの数寄屋風の茶室というおよそ陣中にふさわしくないその場所では利休がお茶会を開いたといい、にわかにこしらえられた舞台で能楽師が能を舞い、陣屋の中では豪華な酒宴が張られたという。秀吉は京の聚楽第から側室の淀殿を呼び寄せ、他の大名たちにもそうするように勧めたという。

しかし、こうした豪華なものの極めつきといえば、石垣山一夜城に尽きるだろう。秀吉の一夜城といえば、かつて墨俣城を一夜にして建てたという逸話があったが、でもそれは砦のような出城だったのではないかといわれている（フィクションであるという説も強い）。

ところがこの石垣山一夜城は違った。一夜城とはいうものの、実際はしっかり日数をかけてつくった、全面を石垣で囲み天守閣も備えた本物の城だった。そんな城を北条軍に気がつかれないように小田原城を見下ろす石垣山の上につくり、ある日突然、小田原城側からは目隠しになっていた樹木を一斉に伐採して、立派な城が忽然と姿を現したように演出したのである。それがさぞかし北条軍の戦意を喪失させたであろうことは想像に難くない。

しかもこの石垣山一夜城は内部もすごかったようなのである。それというのもこの城のために本阿弥光悦や金工の後藤徳乗など、当代一流の芸術家や匠が京都から呼ばれたという記録も残っているのである。石垣山一夜城が長期戦のための秀吉の居場所であり、北条軍を戦意喪失させるためのシンボルであり、さらには参戦した大名たちに力を見せつけるためのものでもあったことが窺い知れるのだ。「聚楽第の普請を何年もかけてやったのにも劣らないようにした」という秀吉自身の言葉も記録に残されているという。

まさに秀吉の小田原城攻めはド派手な秀吉劇場だった。そして、最初の山中城での戦いこそ熾烈であったものの、長引く膠着状態に参戦した大名たちが退屈しないようにと、秀吉の陣は一大レジャー施設と化していったのだ。

さて、そうなるとやはり温泉である。小田原城攻めに参戦した全国から集まった豪華キャストのみなさんもここはひとつ疲れた身体を温泉で癒やして……となるわけで、では、どこの温泉で身体を癒やしたのかというと、秀吉の本陣は石垣山一夜城ができるまでは早雲寺にあったことから、場所的に箱根湯本温泉だろうといわれている。秀吉の陣が一大レジャー施設と化していったとはいえ、何日も何日もそこにいなくてはならないのだから疲れが溜まっていったはずだ。箱根湯本の湯はさぞかし大名たちの身体を癒やしたことだろう。

しかし、そもそも秀吉が陣を置いた早雲寺も、北条家の祖の名がつけられた寺の名前からわかるように、北条家の菩提寺であり、この地には「早雲足洗いの湯」という伝説が残されていたりもして、箱根湯本温泉は北条家ゆかりの温泉だったのである。

早雲といえば北条家の祖であり、戦国時代はいつからはじまったのか？　と問われるとき、最初の戦国大名として必ず名前があがる人でもある。なぜかというと、この早雲こそが最初に下克上をして大名にまで登りつめた武将だったからだ。

小田原城も、もともとはこの早雲が小田原を支配していた大森藤頼から奪ったもので、そのときの手口は、藤頼に贈り物をして近づき、領内で鹿狩りをさせてほしいと嘘の話をもちかけて、奇襲をかけて城を奪い取るという、まさにだまし討ち。勝ち取るためにはなんでもありの戦国時代の最初の例をつくったわけで、それが最初の戦国大名といわれるゆえんなのである。

秀吉の小田原城攻めは、そんな早雲が礎を築いたすべてを葬り去るものだった。下克上の元祖たる早雲が築いた関東の北条王国が、戦国時代最大の下克上を果たした秀吉によって葬り去られようとしていたわけで、しかもその秀吉軍の武将たちを癒やしていたのが、かつて戦に次ぐ戦でくたくたになっていた自分の身体を癒やしてくれていた湯だなんて、もし早雲が知ったら、怒りのあまり化けて出てきたに違いない。

箱根湯本最古の湯を求めて

現在の箱根湯本温泉は七十本以上の源泉が引かれている大きな温泉街だ。ただ、今でこそ多くの源泉が引かれているわけだけど、それらの源泉はすべて明治時代以降に掘られたもので、それ以前は一本しかなかった。

その一本が「惣湯」という源泉で、奈良時代に発見されたということの古湯に、北条家の人たちや小田原城攻めの豪華キャストたちが浸かったというわけだ。「惣湯」は他の源泉との合わせ湯で、今でも浸かることができる。まずはそんな「惣湯」を引いた温泉から紹介しよう。

まずひとつめは名前もそのままの「早雲足洗の湯　和泉」から。「箱根湯本温泉発祥の湯」という看板が立つ「早雲足洗の湯　和泉」は、かつては旅館だったけれど、今は日帰り温泉施設として営業している。ここでは「惣湯」と他六つの源泉を引いていて、中でも内湯の「古来湯」の湯は主に「惣湯」を引いているので、ここは必ず浸かっておこう。

浴室が昭和モダニズム的なデザインで、「古来湯」という名前とのギャップがなんとなく面白い。なんでも昭和の女性建築家がデザインしたのだとか。湯は箱根湯本らしいとろみを感じる柔らかい浴感のアルカリ性単純温泉だ。くせがなくじっくりと浸かっていられる湯だ。その他、洞窟風呂や露天風呂、また、手掘りで岩盤を掘り進めて、岩盤の亀裂から自然湧出した源泉を集めて温泉に利用した横穴式源泉跡という珍しい遺構もあるのでいろいろと楽しんで過ごせる。

「惣湯」を引いた湯で温泉ファンに密かに人気の宿が「大和館」である。創業は江戸時代というこの老舗の宿は、ちょっと時代に取り残されたひなびた建物で、素泊まりのみの宿ながらも、その泉質のよさから温泉ファンが遠方からもやってきたりする。

もともと江戸時代に湯治客の木賃宿だったという「大和館」は、その面影を今でも残していて簡素で素朴な感じの宿であるけれど、それをまた魅力に感じる人も多い。風呂は大浴場と小さな家族風呂の内湯があるのみ。大浴場といっても、大人四人も入ればいっぱいといったこぢんまりした湯船である。浴室も湯船も昭和レトロなタイル張りで、ここで湯に浸かっていると、外の観光客で賑わう雑踏を忘れられて、なんていうか、路地裏の穴場的な雰囲気の中でのんびりと湯が楽しめるのだ。

ここの湯がいいのは、湯船の中の穴から源泉が注がれているので、源泉が空気に触れず新鮮なまま身体で味わえること。源泉は「惣湯」の他二本の源泉を引いていて、冬の源泉の温度が低い日は加温するが基本は源泉かけ流しで加温も加水もなしだ。湯の質のよさとレトロな雰囲気と、路地裏の穴場的なところ。それらを〝自分だけが知っている〟と優越感にひたれるところが温泉ファンを遠くから呼び寄せるのだろう。

また、ここの家族風呂は昭和レトロ好きであればキュンとするような可愛いタイルの風呂である。大人一人でいっぱいな小さな湯船ながらも、ちゃんとライオンのカランなんかがあって実にいい感じだ。ぜひともこちらも入っておこう。ま

早雲足洗の湯　和泉

住所：神奈川県足柄下郡箱根湯本
連絡先：0460-85-5361
入浴料：大人 1,250 円　小人 630 円　※オムツが取れたお子様～小学生
営業時間：平日は午前 11:00 ～午後 21:00（閉店)、土日祝日は午前 10:00 ～午後 21:00（閉店)
※当館浴室はふたつあり「早雲の湯」と「権現の湯」が男・女曜日で入れ替わりいたします。お問い合わせください。

大和館

住所：神奈川県足柄下郡箱根町湯本 655
連絡先：0460-85-5746
入浴料：大人 1 人 600 円（消費税込)
利用時間:8:00～22:00　※事前にお問い合わせください。

た「大和館」の近くには熊野神社があって「惣湯」はそこの社殿の下から今もこんこんと湧き出ているのでお参りしておきたい。

第5章

あの武将もこの武将もみんな草津の名湯に浸かりたかった

草津に秀吉がやって来る？　ヤァ！　ヤァ！　ヤァ！

文禄四年（一五九五年）の秀吉といえば、すでに北条家を滅ぼし東北も平定し、天下を完全にその手中におさめ、側室の淀殿は待望の嫡男である秀頼を生み、朝鮮侵略という無謀な企ても、明と講和を結ぼうとしていたころで（その後決裂してしまうが……）、ほっとひと息つきたくなるようなころだったのかもしれない。

この年の三月に秀吉は草津温泉に湯治に行くという触書を出している。

江戸時代の温泉の番付表で西の大関の有馬、東の大関の草津とされたように（当時は横綱という位がなかったので大関が最高位だった）、東の草津は西の有馬に並ぶ評判の湯治場だった。すでにすっかり有馬の湯のとりこになっていた秀吉なので、それに並ぶ東の名湯に浸かりたがったのもうなずける。

また、このころ、秀吉に取り入ろうとしていた真田昌幸が、秀吉が温泉好きであることを知って、秀吉にしきりに草津の湯の素晴らしさを吹き込んでいたとも

いうし、すでに草津に湯治したことのある養子の秀次から草津の湯のよさを聞いていたのかもしれない。

さて、ともかくも秀吉は草津での湯治を計画した。本人もノリノリでかなり綿密な計画を立てたらしい。しかし、大変だったのは草津温泉側だっただろう。なんてったって天下人の湯治なのである。触書を出したことからもわかるように、このころはもう温泉は隠し湯ではなかった。大人数を従えて来るのだろうし、そして秀吉なのである。

いかに湯治とはいえ、これ見よがしな豪華な演出を考えていただろうことは想像に難くない。秀吉が世に名高い吉野の花見をしたのは、ちょうどこの一年前のことだったが、そのときの人数はというと、徳川家康、宇喜多秀家、前田利家、伊達政宗といったそうそうたる顔ぶれの諸大名や公家、北政所、淀殿に茶人や連歌師など、なんと総勢五千人。これは受け入れる方だって大変である。しかもこのとき、吉野山に秀吉の御一行が入ってから三日間も雨が降り続けたのだという。

当然、そうそうたるメンバーを引き連れた手前、秀吉の機嫌は悪くなる。ついには「このまま雨がやまなければ下山して吉野山に火をかける」といい出す始末で、吉野山の僧たちがあわてて晴天祈願をして、運よく雨もそこでやんで事は収まったのだとか。そこで自分を題材とした能を舞ったり、茶会や歌会が盛大に開かれたのだ。秀吉を迎えた吉水神社の部屋も当然、豪華に修理がほどこされた。

花見と湯治は違うけれども、イベント好きの秀吉のこと、草津でも実際、秀吉のための御座所をつくるように命じられたそうで、さすがに湯治に五千人まではいかなくても少人数ではなかったはずだ。草津ではあれやこれやとさぞかし準備に追われたであろうことが想像に難くない。

だが、結局、この秀吉念願の草津行きは実行されなかった。理由はわからないが、忙しかったのだろう。そこら辺のことは記録にも残っていないので、なんともいえないが、ただ、この年にちょっと気になることが起きている。養子の秀次の切腹である。

秀次といえば秀吉の後継者となるはずだった人で、実際、このころには秀吉から関白の職を譲り受けている。本来ならば将来を期待されたはずの秀次がなぜ切腹に追い込まれてしまったのかというと、これまたいくつか説があって、ひとつはこの秀次という人、自分の刀の切れ味を試すために辻斬りしたり、死罪というほどではない罪人を斬り殺したりと、「殺生関白」と揶揄された、とんでもない人物で、そんな秀次が謀反を企てたと糾弾されて切腹を命じられたというのだ。

そして、それだけでは済まされず、秀次の首がさらされた三条河原で、秀次の妻子や側室、家臣まで四十人近くの人々が処刑されたのだという。中には秀次とまだ顔をあわせたこともない側室さえもが、十五歳という若さで処刑された。その者たちの遺体は遺族が引き取ることも許されず、河原に埋められてそこに置かれた石碑には「秀次悪逆塚」と彫られていたというのだから、その異常さは窺い知れるだろう。

秀次が本当に「殺生関白」と揶揄されるような大悪人であったかは、疑わしかったりする。それというのも、その記録を書いた人が豊臣家の権力を恐れて、秀吉に都合よく書いたのだろうともいわれているからだ。

また、なぜ切腹を命じられたのかも詳しくわかっていない。最近では、秀次が身の潔白を示すために自ら切腹したという説も出てきていて、大河ドラマ「真田丸」ではその説を下敷きに秀次の最期が描かれた。

このころの秀吉は、もうろくしてまともな判断ができなかったのだとか、脳梅毒が引き起こした痴呆症であったとかいわれ、だからこそ朝鮮侵略などという愚挙に出たのだろうともいわれている。

そうであれば、確かにこの尋常ではない秀次の事件もうなずける気がする。また、これは秀吉による完全な陰謀ではないかという説もあるのだ。そもそも秀次の謀反も針小棒大ないいがかりだったのではないかと。それはどういうことなのか。

秀吉は正室の北政所の他、生涯多くの側室を持ったけれど子宝には恵まれてこなかった。甥っ子だった秀次を養子にして跡を継がせたのも、そうしたことからだったのだけれども、その二年後に淀殿との間に待望の実子である秀頼が生まれたのである（幼名は拾）。

こうなると、そう、秀吉は秀次に跡を継がせたことを「早まった！」と思ってしまうわけだ。跡を継がせてしまったことはもう仕方がない。それならばと、秀次にいずれ秀頼が大人になったら跡を継がせることを約束させようとなるわけだけど、このときの秀吉はすでに五十七歳。さすがにもう自分の人生、先が短いことはわかっていたはずである。秀次がその約束を破って自分の子供に跡を継がせてしまうことだってあるわけで、もうそのころには自分はこの世にいないのだろうから、秀吉にとってはそれが心配で心配でたまらなかったのである。実際、秀次には秀頼より年上の子供もいたのだから。

それならば秀次を亡き者にしてしまおう。というわけで、謀反のいいがかりをつけて切腹に追い込んだのではないかという……秀吉の陰謀説。秀吉であればやりかねない。自分がこの世を去ってからの秀頼のことが心配で心配でならないというのは、その最晩年に家康や前田利家に泣きながら「秀頼のことを頼む」と哀願したことからも窺える。

もう秀頼のことを考えると疑心暗鬼に陥ってしまい、自分でも感情を抑えられなくなっていたのではないだろうか。秀次の身内や家臣を皆殺しのように処刑したのも、将来あるかもしれない禍根から秀頼を守るためで、それゆえに秀次の家系を根絶やしにし、徹底的に悪者に仕立て上げて、見せしめにして、自分が亡き後も禍根による仕返しなんか起きないようにしたのではないか。そう考えると、異常なまでの残虐な仕打ちも秀吉の疑心暗鬼が暴走したものではないかと腑に落ちてくる。

さて、話を元に戻すと、秀吉の草津行きが中止された理由はわからないけれども、その年に秀次の切腹事件が起きている。草津行きが予定されていたのが三月の末ごろで、秀次に謀反の疑いがかけられたのが六月。切腹したのがその翌月の七月である。時期的にビミョーといえばビミョーである。だが、秀頼のことはこのころの秀吉にとっては最重要の心配事だっただろうから、ついつい関連付けて考えずにはいられないのである。

そして武将たちは草津を目指した

秀吉の草津行きは叶わなかったけれども、草津温泉は戦国時代も終わりに差しかかるころから、多くの戦国武将たちが訪れる湯治場となった。

織田家の家臣である丹羽長秀が堀秀政や多賀常則を引き連れて湯治に訪れたのは天目山の戦いを終えてのこと。天目山の戦いといえば、あの戦国時代の名門であり、信長の前に立ちはだかった武田家をついに滅ぼした戦いである。長秀たちもさぞかし感慨深い湯治になったのではないだろうか。

先に触れた悲劇のプリンスたる秀次が湯治に訪れたのは、まだ秀吉の養子になる前のこと。そのときの小諸城の城主だった依田康国が秀次のために茶屋を設けて接待したという。秀吉から関白職を譲り受け、その後、数奇な運命にもてあそばれていく三年前のことだ。

秀吉の重臣だった大谷吉継が湯治に訪れたのは、彼を生涯苦しめたハンセン病の治療のためだった。吉継は娘の竹林院を真田幸村に嫁入りさせているので、草津の湯の効能を幸村から聞いていたのかもしれない。

ちなみに吉継と同じく秀吉の重臣だった石田三成は生涯の盟友として互いを認め合う仲だったけれど、そのきっかけは、とある茶会でハンセン病である吉継が飲んだ茶を誰も嫌がって回し飲みしなかったところ、三成がこともなげに飲み干したことだといわれている。

二人の固い友情は、その後、関ヶ原の戦いで、吉継が三成に「家康を敵に回すのは勝ち目がないからやめたほうがいい」と忠告したにもかかわらず、頑なに考えを変えない三成を見て、負けを覚悟で三成側についてともに戦って戦場に散っていったところにも表れているといえるだろう。

この関ヶ原の戦いのときの吉継は、目もほとんど見えず自分の足で歩けないほどハンセン病に冒されていて、輿に担がれながら軍を指揮したというのだから、なんともすさまじい最期だったのである。

さて、戦国武将の草津での湯治の極めつきといえば前田利家だろう。利家といえば秀吉の盟友であり、加賀百万石の礎を築いた大大名である。利家が最初に湯治に訪れたのは秀吉の世に名高い醍醐の花見があった年で、ちょうどその直後のころであり、利家も花見に参加したので、その帰りに草津に立ち寄ったのかもしれない。

利家はその湯治から時を空けずふたたび草津を訪れている。しかも今度は息子の利長に家督を譲って、晴れて身軽な隠居の身になって一カ月にわたる本格的な湯治をしたというのだから、よっぽど草津の湯を気に入ってしまったのだろう。

その湯治も一族を引き連れ、さらには楽師や謡曲師といった芸能者も呼んで、毎晩のように盛大な宴を楽しんだとかで、さすがは秀吉の盟友たるというべく派手でゴージャスな湯治だったのである。

そんなふうに草津の湯は戦国武将たちに愛されてきたのだが、それは戦国時代にはじまったことではなかった。古くは古代の英雄の日本武尊、そして武家社会の扉を開いた源頼朝や、平家討伐で活躍した木曽義仲や巴御前、上杉謙信の父である長尾為景など、古くから武将たちに愛されてきた湯なのである。

まさに戦う人御用達の湯とでもいいたくなるようなものがあるが、それもそのはず、草津の湯は強い酸性の湯ゆえに、殺菌力がとても高い。だから刀傷などにもよく効く湯で、この草津の湯の医療的な効力については明治時代、日本の近代化のために、お雇い外国人として日本に招かれたベルツ博士が絶賛したことでも証明されている。今では草津の湯は「恋の病以外効かぬ病はない」なんていわれていたりするが、つまり昔の武将たちはそれを身体でわかっていたというわけだ。

秀吉の天下統一によって戦も大名同士の小競り合いもなくなり武将の隠し湯の時代も終わった。その後、時代が下って江戸時代に一般の人たちも富士講だとか、お伊勢参りだとかと旅をするようになって、道中の湯治場も発展していって、さらに明治・大正で湯治場とはまた違った温泉旅館が登場し、昭和にはレジャーとしての温泉旅行が根付いた。してみるならば、前田利家のほとんどレジャーみたいな草津での湯治は、思えば現代の我々のレジャーとしての温泉旅行のはしりだったといえるのかもしれない。

草津温泉独自の入浴法「時間湯」を体験しよう

源泉が毎分ドラム缶一六一本分という日本一の自然湧出量を誇る草津温泉は、

現在でも東の横綱クラスの名湯として多くの人を惹きつけている。その草津温泉といえば、草津のシンボルというべき大きな湯畑だ。温泉好きの心をキュンとさせる硫黄の香りを辺りに立ち込めさせながら圧倒的なインパクトを放つ巨大な異空間。あんなものを真ん中にどんと据えた温泉街なんて他にはない。

この湯畑は草津温泉最大の源泉で、ここから毎分四千リットルの熱い源泉が湧き出ていて、その源泉が七本の長い木の樋に流されることで湯温がちょうどいい温度に冷まされ各旅館に分配されていく。なかなかよくできたシステムなのだ。しかし湯畑だなんて誰が名付けたのかは知らないけれど温泉情緒があるいいネーミングだ。

その湯畑の周りをロータリー状に遊歩道が整備されていて湯畑を眺めながら散策できる。湯畑の遊歩道の石柵には「草津に歩みし百人」として草津温泉に訪れた歴史上の人物や有名人の名前が刻まれている。「へぇ、あの人も来たのか」と、散策しながらどんな人が訪れたのかをチェックしてみるのも楽しい。ちなみにこの遊歩道のデザインを監修したのは岡本太郎である。

そして湯畑と並ぶ草津温泉の名物が、湯もみである。長くて大きい湯もみ板で湯をもむようにリズムよくかき混ぜて湯温を冷ましていく。湯もみガールズたちが歌と踊りに合わせて湯もみする観光向けのショーもあるのでご存じの方も多いのではないかと思う。湯畑にせよ湯もみにせよ、熱い源泉を加水しないで冷ましていくというわけで、これらは、あくまでも泉質を大切にする草津温泉の矜持というべきだろう。

そんな湯畑や湯もみが物語るように草津温泉の源泉は熱い。で、熱いゆえに草津温泉には古くからの独特な入浴方法がある。それは時間湯という方法だ。

どういう方法かというと、集団で同時に一定の時間に湯に浸かって同時に上がるというもので、なぜそんなことをするのかというと、熱い湯に浸かっていて後から同じ湯船に人が入ってくると、湯船の中の熱い湯が揺れて湯をより熱く感じるわけで、それが一人ならまだしも、後から後から人が入ってきたらたまらないわけだ。

それを避けるために時間を区切って集団で一斉に入浴するというのが時間湯で、江戸時代の末期からはじまった草津温泉の伝統的な入浴方法だったりする。

その流れを簡単にざっと説明すると、まずみんなで神棚に拝礼し、それから湯長の歌う草津節に合わせて湯もみをする。湯長の「支度がよろしければそろそろかぶりましょう〜」という掛け声に「お〜」と答えながら足にかけ湯を二十回ほど、頭に手ぬぐいをかぶせてかけ湯を三十回以上（これが最初はけっこう熱い）。そうしてみんなで湯船に一斉に浸かる。

ここでも湯長が「そろって三分〜」「改正の二分〜」と掛け声をかけてくるので「お〜」と答える。みんなでこれをやっていると不思議な一体感みたいなものが感じられてくる。「さあ効きましたらそろそろ上がりましょう」という掛け声で三分間の入浴が終わるという感じだ。

この時間湯は「千代の湯」の体験と「地蔵の湯」で湯治ができるので、せっか

時間湯・千代の湯

住所：群馬県吾妻郡草津町草津 367-4
連絡先：0279-88-2508
入浴料：1 回 560 円
営業時間：1 日 4 回　9:00、11:00、14:00、17:00

時間湯・地蔵の湯

住所：群馬県吾妻郡草津町草津 367-4
連絡先：0279-88-2508
入浴料：長期専用　10 日間　8,600 円〜

く草津に来たのなら一度は体験しておこう。「千代の湯」の源泉は「熱の湯」源泉、「地蔵の湯」の源泉は「地蔵」源泉。湯温は五十度ぐらい。しかも草津の湯は、肌にぴりっとくる酸性の湯だが濃厚な温泉成分によって実温度以下に感じられるという。この時間湯、体験した後はなにかをやり遂げたかのような感じがあって、湯小屋を出たときになんとも爽快な気分になれる。さすがは古くから続いてきた伝統的な入浴方法はダテじゃないのだ。

温泉の力とはなにか？　草津に来ればわかるはず

良質の湯に、巨大な湯畑、湯もみや時間湯という独特な入浴方法がある、まさにキングオブ温泉といいたくなる草津温泉。その草津の湯の極上湯を紹介しよう。湯守が守る「奈良屋」の湯。

そう、ここ「奈良屋」には現役の湯守がいるのである。創業は明治十年という老舗旅館ならではの泉質へのこだわりなのだ。草津温泉の主な源泉は六つあって「奈良屋」が引いているのが草津最古の源泉である「白旗の湯」。なぜ白旗なのかというと、この源泉、源頼朝が発見したとされていて古くは「御座の湯」と呼ばれていたのを、明治時代に源氏の白旗にちなんで改名されたのだという。

そんな古湯をここ「奈良屋」では湯小屋に引き込みそこで一晩寝かせる。そうして湯温が下がった源泉を湯守がその職人技でていねいに湯もみして最高の状態で提供してくれるのだ。ぜひ他の湯と浸かりくらべてみよう。そのまろやかさに、なるほどプロの湯守の技とはこういうものかと実感できるから。

「奈良屋」では、なにはともあれ「御汲み上げの湯」を堪能してもらいたい。「奈良屋」の象徴というべきこの内湯は、風格のある大きな楕円の湯船で湯守の手によるまろやかな極上湯に浸かっていると、なんとも贅沢な気分になれるのだ。また、創業当時からある樹齢二百年の松の大木をくり抜いた木の湯船の「不老長寿の湯」もおすすめしたい。こちらは「御汲み上げの湯」とは対照的な狭い湯船

奈良屋

住所：群馬県吾妻郡草津町 396
連絡先：0279-88-2311
入浴料：大人 1,200 円（タオル付）
入浴時間：日帰り入浴 12:30 ～ 14:00（退館時間）
※不定休メンテナンス休有り

だが、まろやかな湯をこの木のぬくもりが感じられる湯船で味わうのもまた格別なのだ。

さて、せっかくキングオブ温泉というべき草津に来たのだから、もう温泉を徹底的に楽しもうではないか。宿から出て浴衣姿で温泉巡りに繰り出そう。共同浴場、日帰り入浴を受け付けている宿の湯。圧倒的に巨大な西の河原露天風呂などなど。

さすがに古くから栄えてきた温泉街だけあってそぞろ歩きするだけでも楽しい。メインストリートの泉水通りのユニークな店を冷やかしながら、ここぞと思った温泉に入る。草津温泉の湯は殺菌力が高いから塩素消毒もする必要がなく、どこも源泉かけ流し。だから外れもないという安心感があるのだ。天下の名湯を心ゆくまで堪能したら、草津名物の歯ごたえサクサクな舞茸天ぷらと冷えたビールで決まりだろう。

第6章

わたしを戦国武将温泉に連れてって

隠し湯だからこそ歴史に残りにくかった隠し湯ガイド

さて、ここらへんで、これまで紹介した場所以外の全国の戦国武将ゆかりの温泉を一挙に紹介しよう。とはいえ、戦国武将の隠し湯は隠されていただけあって、なかなか詳細な記録が残っていない。

思えば入浴の記録だから、それは現代に置き換えてみても、たとえば時の総理大臣や有名俳優がどこどこの温泉に浸かったとか、いちいちニュースになったりしないわけで、やはりなにか事件を起こしたとか、巻き込まれたとかではない限り、記録には残されない。ましてや戦国時代という遠い過去のことゆえに、なかなか詳細はわからないのであるけれども、ここはひとつ気合を入れて、できる限りの紹介をしていこう。まずは武田勝頼から。

武田勝頼と伊香保温泉〜カリスマの父をもったばかりにといわれるけれど

武田勝頼といえば武田信玄というあまりに偉大でカリスマ的な父をもったがために、なにかと比較されるという、そういうちょっとツラい星のもとに生まれた武将である。現代でいうならば、二世タレントの境遇とでもいうべきか。

勝頼は決して無能な武将というわけではなかったが、この人は時代の趨勢に負けた感がある。信長との長篠の戦いでは戦国史上最強といわれた武田騎馬軍団も信長の鉄砲隊の前ではひとたまりもなく、まさに騎馬軍団による旧来の戦い方が、鉄砲隊という新時代の戦い方に敗れた感じで、一万五千の兵で挑んだ勝頼はこの戦いで一万強もの死傷者を出してしまう。これが武田家滅亡のカウントダウンとなった。

なんとか体制を立て直したい勝頼は上杉や北條との同盟を組んで信長と家康の同盟軍に対抗しようとするものの、まさかの謙信の急死によって、謙信の後継者争いに巻き込まれて、その結果、せっかく組んだ北条との同盟も破綻してしまい、「かくなるうえは」と、信長に同盟を求めるというアクロバティックな策に打って出るものの、信長に手玉に取られてしまい、逆に信長と北条が同盟を組んで勝頼を包囲するという最悪の展開になる。

そんな中、家臣がどんどん敵方に寝返って勝頼のもとを去っていき、追い詰められた勝頼は数百人の兵を連れて天目山を目指したが、家臣たちの離反は止まらない。勝頼が観念して自刃したときには数十名の者しか残っていなかった。享年三十七歳。

と、偉大な父信玄との落差がありすぎて家臣に見限られてしまったようなところもあるのだが、実はその偉大な信玄だって、若いころはけっこうダメ殿だったことはあまり語られない。

もともと武田領の甲斐の国は小さな盆地がいくつもあり、その盆地ごとに家臣が独自の勢力を築いていて、そのため家臣の独立心が強く内紛が絶えないまとまりの悪い国でもあったのだ。信玄が実父である信虎を追放して武田家の当主になったことは有名だが、これだって家臣に厳しく容赦がなかった信虎を、家臣たちが疎んじて、まだ若くて御しやすい信玄を担ぎ出してやったようなことで、信玄が利用されたようなところがあった。

そんな信玄が家臣たちをしっかりまとめることができたのが第四次川中島の戦いのころ。年齢にして四十一歳。つまり信玄だって勝頼の歳のころには信玄もまた家臣を掌握できずに手を焼いていたのである。

戦いに次ぐ戦いの中で家臣を掌握していくのも大変なことだったと思うが、もともとは信玄だって二十年かけてやっと掌握できた手強い家臣だ。勝頼ももう少し生きていればと思わずにはいられない。

名物の伊香保温泉の石段は勝頼によってつくられた

さて、そんな勝頼ゆかりの温泉は群馬県の伊香保温泉だったりする。長篠の戦いで信長に完膚なきまでに叩きのめされた勝頼は、負傷した兵士たちの傷を癒やすために伊香保温泉に専用の湯治施設をつくらせた。

これを担当したのが、その当時の岩櫃城の城主だった真田昌幸である。伊香保温泉といえばなにはさておき温泉街のシンボルにもなっている三六五段の石段だが、あの石段の原型ができたのが実はこのときだったりするのだ。また、伊香保温泉が古くから温泉街として栄えてきたのも、このときの勝頼による開発があってこそのものだった。

負傷した武田の兵たちを癒やした伊香保温泉の湯は、黄金の湯と呼ばれる鉄分を含んだ褐色の硫酸塩泉である。とろみがあって肌触りの柔らかい浴感が特徴だ。そんな黄金の湯を贅沢に堪能できる宿が「千明仁泉亭」だ。

千明仁泉亭

住所：群馬県渋川市伊香保町伊香保 45
連絡先：0279-72-3355
入浴料：大人料金：500 円　子供料金：300 円
ご利用時間：6:00 ～ 9:00　15:00 ～ 22:00
※日帰り入浴は行っておりません。

ここは明治の文豪、徳冨蘆花が常宿とした宿でもあって創業五百年を誇る老舗中の老舗宿。ここの素晴らしいところは伊香保温泉の中でも二番目の湯量を誇ること。露天風呂と大浴場があるのだが、必ず入って欲しいのが大浴場の内湯だ。五メートル×三メートルという大きな湯船の深さは一メートルもある。そんな湯船にさすがは二番目の湯量というだけあってどばどばと源泉がかけ流しされている。一メートルの湯船の真ん中で立っていると身体全体で大量のフレッシュな源泉を受け止めている感じでなんとも贅沢感が味わえる。泳ぎたくなること必須だけど、もちろん泳いではいけませんよ(笑)。

また、伊香保温泉の石段を登りきり、伊香保神社を抜けてさらに奥へと道を進んでいくと「伊香保温泉露天風呂」という、ネーミングになんのひねりもない共同浴場がある。ここの湯がまたいいのだ。「千明仁泉亭」と同じく伊香保温泉では貴重な源泉かけ流しの湯。

なによりもいいところが、ここは湧き出る源泉のすぐ近くにある共同浴場なの

伊香保温泉露天風呂

住所：群馬県渋川市伊香保町伊香保湯元５８１
連絡先：0279-72-2488
入浴料：大人 450 円　小人 200 円　※１歳児未満のお子様のご入浴は不可
営業時間：9 時～ 19 時（4 月～ 9 月）　10 時～ 18 時（10 月～ 3 月）※入場は閉場の 30 分前まで

だ。だから、よりフレッシュな湯が堪能できる。観光客で賑わう伊香保温泉の石段の喧騒から離れた穴場のような露天風呂で、伊香保温泉でいちばん鮮度のよい湯に浸かることができるのだ。ここも伊香保では外せない湯なのである。

伊達政宗と青根温泉・東鳴子温泉〜遅れてやってきたクリエイティブ武将

クリエイティブ脳なんていう言葉がよく聞かれるようになったのは現代でもつい最近のことだが、伊達政宗という人はそのクリエイティブ脳をもっていたのではないかと思わずにいられない。

政宗といえば三十年遅れてやってきた戦国武将といわれる。もし政宗が実際よりも三十年前に、東北ではなく京都に近い地に生まれていたとしたら天下を取っていたかもしれない、と。

十八歳で当主になってあれよあれよという間に東北を制覇して、いよいよ関東へ進出となったときには、時すでに遅し、秀吉がほぼ天下を手に入れていた。そして秀吉の小田原城攻めのときには観念して秀吉軍側についた。首の皮一枚だったところを、あの有名な白装束のパフォーマンスで切り抜けて秀吉に取り入ったことは有名だ。

この政宗の強さの秘密とはなにか。実はものすごい研究熱心な人だったのだ、政宗は。信玄、信長、秀吉の戦術を徹底的に研究して自分の中に取り込んでいった。そして、漫画みたいな話

だが、武田騎馬隊と信長鉄砲隊を合体させたかのような鉄砲騎馬隊なんていうものを考え出してしまう。

考え出してしまうといえば政宗は美食家で自分でずんだとか凍り豆腐なんかを考え出してしまうし、日本ではじめて本格的な味噌工場をつくったのも政宗で、それは今では仙台味噌として親しまれている。

天下統一の夢は叶わなかったけれども、巨大な水田を開発して大量の米を江戸に流通させたり、メキシコやイスパニア、ローマ教皇のもとに家臣を派遣し、独自の交易ルートを築こうとしたり（イスパニアと組んで倒幕を目論んだなんていう説もあり……）、経済面でも実にすぐれた工夫の人だった。

それでもって政宗といえば細長くてアシンメトリーなカッコいい三日月の前立の兜に象徴されるようにセンスも抜群。とくに黒に対する美意識は独自のものをもっていた（ちなみに政宗の黒漆の甲冑はスター・ウォーズのダース・ベイダーのコスチュームのモデルにもなった）。

パフォーマンスだけではなくちゃんと中身もあって、センスあふれるアイデアマン。というわけで、やはりこの人、クリエイティブ脳をもっていたのだ。

政宗が忘れられなかった極上湯

あまりにいい湯だったので、忘れないようにここを「不忘」と名付けよう……と、政宗に思わせた湯が宮城県の青根温泉「湯元不忘閣」だ。

もともと青根温泉は仙台藩の御用湯でここ「湯元不忘閣」に藩主専用の青根御殿があった。現在でも敷地内に青根御殿はあるけれど、これは明治時代に火事で焼けたものを昭和になって再建した建物。でも素晴らしい建物で館内は伊達家ゆかりの品が展示され、ちょっとした伊達家博物館のようになっていて、宿泊者限定の無料の見学会もやっているのでぜひとも見学しておきたい。

湯元不忘閣

住所：宮城県柴田郡川崎町青根温泉 1-1
連絡先：0224-87-2011
宿泊営業時間：午後 3 時から午前 10 時
※日帰り入浴は受けたまわっておりません

そんな「湯元不忘閣」の湯で絶対外せないのが、ひとつはなんと！　蔵の中にある貸切風呂「蔵湯浴司《くらゆよくす》」。蔵の中にあるっていうのもなかなかのサプライズだけど、浴室空間が素晴らしいのだ。太い木の梁が組まれた土壁の重厚な空間の真ん中に、淡い光に照らされながらシンプルな桧の湯船がどんと置かれている。それはそれは本当に殿様になったような気分で浸かれる湯なのである。肌触りのやさしい無色透明のアルカリ性の単純温泉の源泉かけ流しだ。

そしてもうひとつが「政宗の湯（大湯）」。政宗の時代からある石風呂をそのままに伝統工法の技をいかして建て直したという浴室空間がこれまた素晴らしい。政宗も浸かったであろう湯船で青根の名湯を心ゆくまで楽しめるのである。

湯上がりには無料のコーヒーや地酒、ちょっとしたおつまみもある。殿様気分で湯に浸かった後は冷えた地酒でほろ酔いするっていうのもオツな時間の過ごし方だろう。

さて、仙台藩の御用湯があった温泉街は青根温泉以外にもある。それは同じ宮城県の東鳴子温泉だ。隣の鳴子温泉と並んで湯治場として栄えてきた東鳴子温泉にはいい湯がたくさんあるけれど、中でもおすすめしたいのが温泉ファンに絶大な人気を博している「高友旅館」の「黒湯」である。ここは今でも長逗留の湯治客が泊まれる湯治棟があって、東北のひなびた湯治場を求める人にはぜひとも泊まってほしい宿なのである。

「高友旅館」には四つの源泉が引かれている。名物の「黒湯」は、実際は黒ではなく独特なオリーブ色の鉄天然ラジウム泉で源泉かけ流しだ。色も独特だけれど湯の香りもコールタールのような油臭がある。

この湯が温泉ファンの間では「ガツンとくる名湯」として大人気なのである。では、ガツンとくるとはどういうことか。湯に浸かるなり温泉の湯力のようなものがガツンと感じられる。この湯、あまり浸かりすぎると人によっては湯あたりのように身体がぐったりしてくるのだけれども、そのぐったりが収まると不思議と身体がシャキッとする。「疲れを出し切る湯」とも呼ばれている。ぜひともこ

高友旅館

住所：宮城県大崎市鳴子温泉字鷲ノ巣 33-1
連絡先：0229-83-3170
日帰り温泉入浴料：大人 500 円（中学生〜）　小人 250 円（3 歳〜小学生まで）
日帰り入浴営業時間：午前 10 時〜午後 4 時まで
※但し、大型連休等の時は記載営業時間より早めに終了する場合もございます。

こ「高友旅館」で温泉の湯力を体感していただきたい。

直江兼続と五色温泉～ひたすら参謀役に徹した「愛」の男

「愛」の文字の兜といえば、そう、直江兼続だ。ゲームや漫画でやたらと戦国武将がイケメン化され過ぎているが、実際は、みんながみんなイケメンだったわけがなく、たとえば歴女に大人気の真田昌幸も小柄なおじさんで歯抜けだったといわれている。でも、この直江兼続に限っては高身長の本物のイケメンだったそうで、そんなイケメン武将が「愛」の文字の兜をかぶって戦場を颯爽と馬で駆け抜けていたなんていうと、いかにも歴女のハートをつかみそうである。ただ、あの「愛」の文字は女子ウケするほうのラブの「愛」ではなく、兼続が軍神として信仰した愛染明王からいただいた「愛」だったりするが。

兼続のすごいところは、ひたすら主君の上杉景勝を支え続けたことだろう。兼続は景勝から内政、外交、軍事すべてを任され、それをそつなくこなしていたまさにスーパー家臣だった。そんな優秀な兼続を、秀吉は家臣に欲しがり「大名にしてやるから家臣にならないか」という甘い言葉で誘った。

なにせ下克上の時代、普通なら乗ってしまう話であり、しかも人心掌握の達人というべき人たらしの秀吉の誘いでもある。だが、兼続は心を動かされずきっぱり断るのだ。同じく秀吉のスーパー家臣だった石田三成と仲がよかったのも、秀才同士であり、そして主君への忠誠心など、なにか通じ合うところがあったのではないだろうか。

兼続といえば、有名なのが直江状である。秀吉亡き後、秀頼をないがしろにして好き放題やっていた家康が兼続に「謀反の疑いがあると聞いておるが、真意を確かめたいので上洛せよ」という詰問状を送りつける。そこには上杉家が武具を集めていることや、道を整備しているのは戦の準備であるとか、事細かに疑いの根拠が書かれてあった。

それに対して兼続はひとつひとつに反論しながら「謀反なんてとんでもない。あなたがたのような上方のお上品な武士たちは茶道具なんかを集めて喜んでいるが、我々田舎侍はそんな暇なんかなく槍や鉄砲など武具を集めるのが当然なのだ。道の整備にしても国造りとして当然ではないか。いいがかりも甚だしい！」といったような、家康をおちょくった書状を返した（しかも実のところは本当に謀反を企てていたりした！）。

これが世にいうところの直江状で、当然、家康は激怒する。すぐに上杉討伐ということになって兵を出陣させた。そのタイミングで徳川軍の背後を狙って、同じように家康の専横を許しがたく思っていた石田三成が挙兵する。そこで徳川軍が針路を一八〇度変えて三成の軍とぶつかったのが天下分け目の関ヶ原の戦いとなった。

つまり兼続はものすごい地雷を踏んでしまったのである。これについては仲の

よかった兼続と三成があらかじめ示し合わせていて徳川軍を挟み撃ちにして討ち取るためだったたという説もあり、また、たんに家康の上杉討伐の動きを察知して、かねてから企てていた家康討伐に三成が乗り出したという説がある。

この真相はわからないけれども、結果、味方の寝返りにあった三成の西軍は負けてしまい、三成側についた上杉も米沢に転封、百二十万石から三十万石へ減らされてしまった。兼続は米沢で新たな国造りに取り組むのだけれども、さすがに四分の一に石高を減らされてしまっては家臣への禄もままならない。

普通であればここで今でいうリストラを行うところなのに、兼続はそれをせず、新田開発や鉱山開発など積極的に進めてなんとか藩を立て直した。あくまでも民あっての領地であると。やはり兼続は最後まで「愛」の兜が似合う義に厚い人なのである。

兼続が息子の眼の治療のために開いた温泉

上杉景勝のスーパー家臣だった兼続だったけれども、後継者には恵まれなかった。嫡男である景明は生まれつき病弱でとくに眼を患っていたのである。

あるとき、兼続は、とある眼を患っていた僧が湯治して眼の病を治したということを聞く。それが現在の山形県の五色温泉の湯だったという。そこで兼続は五色温泉に湯小屋をつくらせて景明を約一カ月間湯治させた。五色温泉の発見は役小角とされているが、本格的な湯治場としてはじまったのは、この兼続が息子のために五色温泉を開発したのがきっかけになったという。この湯治のおかげで景明の眼は治り、それからは上杉家の守り湯とされた。

　現在の五色温泉には、山の中に「宗川旅館」が一軒あるのみで、秘湯ムードが漂う温泉場になっている。建物も山小屋のような感じでロケーションといい、その佇まいといい、なかなか気分が上がってくる温泉宿だ。

　五色温泉というぐらいだから日によって湯の色が変化するとか、珍しい色をしているのかなと期待してしまうが「宗川旅館」の湯は無色透明の湯。名前は近くの五色沼からとったとのことだ。洞窟風呂のような雰囲気のある内湯の岩風呂と、宿からちょっと離れたところに小さな展望露天風呂がある。

　湯船からの展望は山間の秘湯だけあって素晴らしく、こぢんまりとした湯船だから逆にプライベート感があっていい感じなのだ。源泉かけ流しで、浴感は柔らかく、湯上がりには驚くほど肌がすべすべになる。

さすがは上杉家の守り湯だと思わずにいられない。五色温泉自体、あまり知られていない温泉ゆえに穴場感があって、それもまた魅力になっている。

加藤清正と平山温泉～清正は本当に虎を退治したのか？

一説によれば、加藤清正の身長はなんと一九〇センチメートルもあったといわれる。当時の成人男性の平均身長がだいたい一五七センチメートルというのだから、確かに大きい。そんな清正は秀吉の重臣のなかでも福島正則に並ぶ武闘派大名だ。秀吉と柴田勝家が雌雄を決した賤ヶ岳の戦いでは、敵方に寝返った山路正国を討ち取ったほか、多くの武功を挙げて「賤ヶ岳七本槍」の一人に数えられた。

こういう強い人にはいかにも強そうな伝説が残っている。そう、加藤清正といえば虎退治。秀吉の朝鮮出兵で朝鮮に渡ったときに一人の小姓が大きな虎に襲われて噛み殺されてしまった。そこで清正はその虎を退治しようと十文字の槍を手に森へと分け入り、そこに大きな虎が現れる。家臣たちが鉄砲を構えたところ、それを制して清正は槍ひとつで立ち向かって虎をしとめてしまったという伝説だ。

ただ、この話は後世になって清正の豪傑伝説としてつくられたというのが真相なようで、本当は鉄砲でしとめたようである。この虎退治も退治というよりは虎狩りで、それは主君の秀吉のためだった。それというのも秀吉は朝鮮に渡った武将たちに虎を狩ってその肉を塩漬けにして送るようにと命じていたというのだ。虎は一日千里を駆けるといわれ、その肉は精力剤として珍重されていた。

このころの秀吉は最晩年、体力もかなり衰えていたことだろう。小さい頃からかわいがってもらい誰よりも秀吉思いだった清正は、そんな老いていく秀吉のことを思い、いつまでも元気でいてほしいと精力的に虎狩りに励んだのではないだろうか。

清正の汗疹を治した天然のローション湯

清正が熊本城主になったのは二十六歳のときで、肥後の国は尾張とは違って、夏は暑く湿度も高いのでひどい汗疹に悩まされたという。その汗疹を治すために湯治したのが熊本県の平山温泉だったという。

この平山温泉には、その昔、里一帯に疥癬が流行って、困った里人たちが阿蘇大明神に祈ったところ、高い山が開き、深い谷が埋まり平地ができて、その平地から湧き出てきた熱い湯に里人たちが浸かったら疥癬がすっかり治ったという、なんともダイナミックないい伝えが残っている。

それだけ皮膚病に効くということなんだろうけれども、ここ平山温泉の湯はそんな伝説に大いにうなずけるような、とろっとろな湯なのである。まるで天然のローションのような湯といわれていて、はじめてここの湯に浸かった人はたいてい驚く。清正もたぶん驚いたのではないだろうか。

大きな旅館やホテルはなく、こぢんまりとした宿が数軒あるだけの平山温泉は静かな湯の里といった感じで、都会の喧騒を離れて、なんにもないところで極上湯を堪能したいという人にはうってつけの温泉地である。おすすめは「やまと旅館」。

敷地内には風情のある藁葺き屋根の離れの客室（新館離れ）と、プレハブ小屋のような離れの客室（旧館離れ）という、新旧の差が激しすぎるような客室があっておもしろい。風呂は男女別の内湯と混浴の露天風呂と女性専用の露天風呂がある。中でも混浴の露天風呂が森の中でゆったりと湯に浸かっているようで、開放感が気持ちいい。湯はほんのり硫黄の香りがするとろとろ湯で源泉かけ流し。このロケーションでやさしい浴感のとろとろ湯を満喫できるのはなんとも贅沢なのである。

また「やまと旅館」は、もとは豆腐屋だったというだけあって、おいしい豆腐料理がいただけるのもこの宿の魅力だ。

毛利元就と温泉津温泉〜元就の名を世に知らしめた海の上の奇襲作戦

少ない軍勢で十倍近い大軍に撃ち勝つにはどうすればよいのか。その答えは小さな島におびき寄せて一網打尽にしてしまう。そんな戦い方で大勝利をあげて、わずか四百石の国人から戦国大名へとのし上がり、ついには西国の覇者にまでなってしまった武将、それが毛利元就である。でも、相手だってバカではないのだから、普通はそんな◯◯ホイホイみたいな手にはのらない。じゃあ、元就はどうやって敵を小さな島におびき寄せたのか？

そのころ、西国七カ国の守護大名だった大内義隆を家臣の陶晴賢が謀反を起こして討ち取った。大内家の傘下にあった元就は晴賢に恭順を示すふりをしながら、晴賢を討つために厳島に城を築き晴賢に宣戦布告をする。と、ここまではまぁ普通なのだけれど、ここで元就は逆諜報戦とでもいうべき手に打って出るんです。元就のもとには晴賢が送り込んだスパイが潜んでいた。元就はそれを知りながらわざと泳がせてガセの情報をつかませた。「厳島に城を築いたものの、こんな城は本気で攻められたらひとたまりもないだろう」みたいな情報を。

また、元就の重臣の名前を騙って「もしあなたが攻めてきたら私は寝返って、元就を背後から攻めて援護する」みたいな嘘の書状を晴賢に送ったりと、そうした嘘の情報をがんがん流していったわけで、晴賢はそれにまんまとのってしまった。今こそチャンスとばかりに厳島に上陸し城を一気に攻めた。つまりは◯◯ホイホイの中へと自ら入ってしまったのだ。

それを元就は厳島の外から一気に攻めた。しかもそのとき、ものすごい暴風雨となり、まさかそんなときに攻めてこないだろうという状況の中で一気に攻めた。こうして元就は自分よりも十倍近かった晴賢の大軍に撃ち勝ったのである。この元就の厳島の戦いは、信長の桶狭間の戦い、北条氏康の河越城の戦いと並んで、後世に日本三大奇襲と呼ばれることになる。

そして元就はこの戦いを機に西国の覇者へと登りつめていくのだが、このときの元就はなんと五十九歳！　その二年後には家督を息子の隆元に継がせて隠居するものの、実際、毛利家を動かしていたのは元就で、このスタンスは七十五歳で亡くなるまでほぼ変わらなかった。あっぱれ元就！

湯力ハンパない元就ゆかりの湯

戦が強いというのは、戦略に長けているとか家臣に猛将がたくさんいるとか、それだけではない。資金力も無関係ではないのだ。戦はお金がかかる。武具の調達から、長い籠城戦なんかでは兵士たちの大量の兵糧が必要になってきたりと、豊かな経済力がなければ大きな戦を戦い抜くことはできず、たとえば秀吉のゴージャスな小田原城攻めなんかは莫大な財力を誇った秀吉にしかできない戦でもあったのだ。

元就が強かったのも、資金力と無関係ではなかった。元就が尼子氏を討って手に入れた石見銀山はヨーロッパにまで知れ渡っていた銀山で、ここを押さえたことで元就はイスパニアやポルトガルなどの商人と交易して資金を蓄えていた。そのために元就は銀山の採掘者を使って銀山の近くに軍港を開いて交易しやすい環境づくりをしたのである。それが現在の島根県の温泉津だった。温泉津温泉の湯がたぶんそのときの採掘者たちの労働の疲れを癒やしたのではないかといわれている。

温泉津温泉は映画「男はつらいよ」のロケ地にもなったりした温泉地だけれども、どちらかというと、観光地的な温泉ではなく、ひなびた温泉街である。でも、ここの湯は湯力はハンパないのだ。

温泉津に来たらまずはというか、必ずふたつの共同浴場の湯に浸かってもらいたい。ひとつは「泉薬湯」。もうひとつは「薬師湯」である。

「泉薬湯　温泉津温泉元湯」は約一三〇〇年前に発見された温泉で、その源泉は浴槽よりわずか一メートルのところに湧いている。昔ながらの銭湯の雰囲気を

泉薬湯　温泉津温泉元湯

住所：島根県大田市温泉津町温泉津ロ 208-1
連絡先：0855-65-2052
入浴料：大人 370 円　小人 200 円
営業時間：6:00 ～ 20:00

残した庶民的な共同浴場で、三つに分かれた湯船は「寝湯」「ぬるい湯」「熱い湯」となっていて、源泉かけ流し。なによりもまず驚かされるのが湯船のフチにこってりと堆積した温泉の析出物である。まるで析出物でできたかのような湯船なのだ。それだけここの湯は温泉の成分が濃厚であることがわかる。湯の色は緑がかった褐色で浸かってみると熱い。「ぬるい湯」でも熱めの湯なので「熱い湯」のほうはいわずもがなだろう。ちょっと浸かっただけで温泉の湯力が身体に伝わってくる。海に近いから塩分も多く含まれている。こういう濃い湯は長湯は湯あたりしてしまうので禁物だ。浴室の壁にも「熱い湯の一回の入槽時間は二分以内が適当です」と書かれてあるほどだ。

もうひとつの「薬師湯」はレトロモダンな洋館風の建物で温泉津温泉街のちょっとしたランドマークとなっている。ここの湯は「泉薬湯」とは違う源泉で、昔から温泉は湧いていたが、地震で湯量が増えたので「震湯」というユニークな源泉名をもっている。

「薬師湯」の湯船もフチだけではなく床にもこってりと析出物が堆積している。ただ、湯は源泉かけ流しで、その温度は「泉薬湯」ほど熱くない。そしてここの湯は炭酸とメタケイ酸がたくさん含まれており、温泉ソムリエの家元に『ダブル美肌の湯』と評価されているだけに、温泉の湯力が身体に伝わってくる。さすがは日本温泉協会からもオール5の評価をもらっている湯だ。

福島正則と山田温泉～使い捨てられた正則の悲劇

福島正則は秀吉の重臣で加藤清正と並ぶ武闘派大名。でも、秀吉の重臣だった正則と清正は関ヶ原の戦いでなぜ徳川方の東軍についたのか。それは官僚的で反りが合わなかった石田三成が大嫌いだったから。

もし三成が挙兵した西軍が勝つようなことがあれば、その後は三成が筆頭家老として立つだろうことは明らかだったし、また、この時点では正則もまさか家康が豊臣家を滅ぼすとは思っていなかったのだろう。

そんなわけで正則と清正は東軍につき、清正は関ヶ原の戦いには参戦しなかったものの、正則は参戦し一番槍をまかされて大活躍をした。その武功を認められて正則は安芸と備後のふたつの国、四十九万八千石を与えられて、広島城の城主になった。そして、勝利した家康は征夷大将軍になり江戸幕府を開いた。

だが、ここから正則の人生に暗雲が立ち込めてくる。家康にとっては豊臣家の重臣だった正則も清正も油断ならない相手であったのだ。だから、いよいよ家康が豊臣家潰しに立ち上がった大阪冬の陣では正則が秀頼側につくのを警戒して江戸に留守居役を命じて、いわば正則を封じ込めた。

ちなみに清正はどうだったのかというと、大阪冬の陣がはじまる三年前に謎の病死をとげている。一説には家康の差し金で毒殺されたともいわれていて、いかにもありうる話だったりするのだ。

その後、天下は家康によって平定される。そして正則はというと、立ち込めていた暗雲からいよいよ不幸の雨が降る。家康が江戸に幕府を開いたときに「武家諸法度」というのが発布された。これは全国の藩主に、これをしてはいけない、あれをしてはいけないと定めたもので、そのなかに幕府に許可なく勝手に城を改修してはいけないという法度があった。

正則は二代目将軍秀忠からこの法度に背いたとして、信濃と越後に国替えを命じられ、四十九万八千石からわずか四万五千石に減封されてしまう。でも、勝手に城を改修したというのは完全にいいがかりで、確かに正則は広島城を改修していたが、家康の家臣の本多正純に許可を得ていた。

ただ、それは口約束だったので、いった、いわないの議論になって、正則は強引に減転封されてしまったわけだ。その後、正則は嫌気がさしたのか、隠居し剃髪して出家した。その五年後にこの世を去って、福島家は取り潰された。かつての豊臣家の猛将として名を馳せた武将の最後としてはあまりにさびしい。戦国時代は敗者にはあくまでもシビアなのだった。

晩年の正則が発見した美しい渓谷の湯

正則が国替えされた信濃国の高井郡は、現在の長野県の上高井郡である。この地に湧く山田温泉は正則が発見したと伝えられている。山田温泉は松川渓谷沿いにある信州高山温泉郷のひとつで、美しい渓谷の自然を満喫できる温泉だ。中でもその渓谷の風景をこれでもかと楽しみながら湯に浸かれるのが「風景館」である。名前からして風景には自信あり！　という感じで、その期待を裏切らない宿なのである。

「風景館」には内風呂の大浴場「瑠璃洸泉」と露天風呂の「仙人露天岩風呂」「天空の小鳥風呂」がある。中でもおすすめしたいのが名物の「仙人露天岩風呂」だ。この露天風呂は渓谷の谷底近くにあって一五〇段もの石段を降りていった先にある。ユニークなのはその湯船で大きな自然の一枚岩の上にあって、湯船の底は一枚岩の凹凸がそのままいかされているのだ。この湯船に浸かっているとまるで奥深い渓谷の美しい自然と一体化したような気分になれて実に気持ちいい。ゴーという谷底の急流の流れの音もなかなかワイルドだ。マイナスイオンも大量に発生しているのだろう。

その昔、松川渓谷のあまりの美しさに目を奪われて、仙人がこの岩に腰掛けて時間がたつのも忘れて見入っていたという伝説にちなんでつくられた露天風呂なのだという。湯は無色透明のナトリウム・カルシウム塩化物泉で源泉かけ流しだ。

ユニークといえば「天空の小鳥風呂」もかなりユニークな露天風呂である。宿のご主人の樹の上に露天風呂をつくりたいという奇抜な発想がかなってできた露天風呂なのである。さすがにそのまま樹の上に風呂というわけにはいかないけれど、樹と一体化したかのようにつくられた、渓谷を望む高い場所にある露天風呂は、まさに鳥のような気分になれる。ご主人のアイデアに脱帽なのである。

風景館

住所：長野県上高井郡高山村大字奥山田 3598
連絡先：026-242-2611
宿泊料金：1 泊 2 食 12,030 円〜
営業時間：通年（不定休、休館日あり）

また内湯の大浴場も大きな窓が景色を気持ちよく切り取っていて目を楽しませてくれる。湯船は総桧づくり。「天空の小鳥風呂」も「瑠璃洸泉」ももちろん源泉かけ流しである。

波乱万丈の人生を生きた晩年の正則の心持ちは、いったいどのようなものだったのだろうか。正則が発見したころの山田温泉の姿がどのようなものであったのかはわからないけれど、渓谷に湧く野湯のような感じだったかもしれない。谷底の岩に腰掛けて時間を忘れて渓谷の景色に見入っていた仙人の伝説のように、正則もまた世俗のことは忘れて、湯に浸かりながらこの美しい渓谷の景色を愛でていたのだろうと思いたいものである。

第7章

いい温泉に出会うノウハウ教えます

肌ざわりの喜びを求めて

さて、ここまで戦国武将ゆかりの温泉を紹介してきたが、ここからは温泉をより楽しむための実践法を解説して本書の終わりとしたい。

温泉好きで自らも『伊豆の踊子』や『雪国』など温泉街を舞台にした名作を書いた文豪の川端康成はこんな言葉を残している。

温泉はむろん丸裸の皮膚で、ずぼりとつかるのだから触覚の世界だ。肌ざわりの喜びだ。

さすがは温泉好きのノーベル賞作家。まさにこの言葉に温泉の本質がギュッと凝縮されている。そう、温泉は肌で感じて味わうものなのだから。そして、この〝肌〟はいい温泉に入れば入るほどに泉質に敏感になっていく。敏感になっていくと、いい湯に浸かる幸せもどんどん深まっていく。

こうなったらしめたものだ。日本は大きな国ではないが、温泉に限っては大国だ。つまり、ここ日本にはあなたを幸せにしてくれる温泉がたくさんある。一生楽しめるぐらいにあるといっていい。

だから、温泉巡りを趣味にすると、「ああ、日本人にうまれてよかったなぁ」と、心から思えることうけあいなのである。だからこそ、まずはいい湯にいっぱい浸かって肌ざわりの喜びを深めていくことだ。ということで、そんないい湯に出会うための宿選びのポイントからはじめよう。

宿や料理の豪華さで選んでいないか？

そうだ、温泉旅行にいこう……となれば、まず最初は宿選びだ。宿選びというとテレビで紹介された宿とか雑誌に載っている宿とかを参考にすることも多いと思う。

　それ自体は悪くはないのだけれども、テレビや雑誌によくあるパターンとして宿や料理の豪華さばかりがクローズアップされていて肝心の温泉が脇役になっていたりすること。テレビや雑誌はビジュアルとネタのインパクト重視なのでそうなりがちなところがある。

　料理がおいしいのに越したことはないけれど主役はやっぱり温泉であるべきなので、選ぶ方としてはそっちに注目したい。でも、その温泉にしたってオーシャンビューの大露天風呂とか、神秘的な洞窟風呂だとか、エキゾチックなジャングル風呂とか、なにか違うところで勝負しているようなところも少なくはない。

　温泉はあくまでも湯。その湯で勝負している宿を選びたい。湯で勝負している宿だって素晴らしい料理を出してくれる宿や、非日常感が味わえる豪華な宿もたくさんあるのでご安心あれ。宿選びのマストは湯。ではその湯はどこがポイントになるのか。

温泉は鮮度こそが命。まずこれが大原則だ。温泉は地球からの贈り物のようなもので、そこに天然のいろんな成分が混じっている。でも地上に湧き出して空気に触れると酸化して劣化し時間がたてばたつほどに温泉の鮮度は失われていく。

野菜だって魚だって鮮度が落ちるほどに味が落ちていくけれども、温泉も同じように鮮度が落ちるほどに効力も失っていく。せっかくの地球からの贈り物もそれではもったいない。

では鮮度のいい湯を堪能できる温泉とはどんな温泉なのか。それは源泉一〇〇%かけ流しで、豊富な湯量で惜しみなくかけ流されている温泉。湯量が豊富であればあるほど湯船の中の湯は常に入れ替わって新鮮な源泉で満たされている。大きな湯船は浸かっていて気持ちがいいものだけれども、だからといって大きければいいというものではない。あくまでも湯量と湯船の大きさのバランスが大切で、豊富な湯量であれば小さな湯船でも全然オッケーなのである。

宿のホームページなどを見るときに湯口からどのくらいの湯量が注がれている

か湯船の写真なんかを見てチェックしておきたい。また、宿のホームページは宿の宣伝ツールなので当然ながらいいことしか書いていない。ネットの口コミや、温泉ファンが書いたブログ記事なんかもぜひ見ておこう。「源泉ドバドバ」なんて書き込みが多かったら期待していいだろう。

それから、その温泉街の源泉の場所も確認しておきたい。源泉に近い宿であれば源泉の鮮度も期待できる。宿のすぐ裏手に源泉があるとか、敷地内に独自の源泉をもっているなんていう宿もある。自家源泉をもっている宿は、「元湯□□旅館」といったように元湯を名乗っていることが多いので、「元湯」もいい温泉に出会うためのキーワードとして覚えておこう。

源泉に近いほどに温泉の湯の鮮度が期待できる。そういう意味でいうならば、究極に鮮度がいい温泉とは足元湧出の温泉だろう。足元湧出の温泉とは源泉が湧き出しているところに湯船をつくってある温泉のこと。つまり湯船の底から温泉が湧出してくるのである。

なんといっても地底から地上に湧き出た源泉そのものに浸かるわけだから鮮度も抜群。たとえるなら新鮮なオレンジを絞っているその下で果汁を直接、口で受けているようなものだ。しかもそれはジュースとは違って肌で感じるもの。地下から湧き出てくる源泉を空気に触れる前に身体中で受け止めるという快感。川端康成がいっていた肌ざわりのよろこびを最大限に堪能できるのが、まさにこの足元湧出の温泉なのである。これを体感したらもう温泉に対する認識もガラリと変わることうけあいなのである。

ただ、そういう足元湧出の温泉はとっても貴重で、全国にもそう数があるものではない。だから、逆にいうならば「足元湧出」とうたった温泉や宿があればぜひともトライしてみよう。まず間違いないから。

温泉ファンはなぜ内湯好きが多いのか?

温泉ファンは概して内湯好きが多い。露天風呂のあの周りの自然と一体化したかのような開放感もいいけれども、いい内湯は格別なものがある。全国の温泉ファンをうならせる個性豊かな名湯も、実は圧倒的に内湯のほうが多かったりするので、内湯にこだわっているほうがいい温泉に出会える確率が高いのである。

その理由はいくつかある。まずひとつは客寄せのためにとってつけたかのようにつくった露天風呂がけっこう多かったりするのだ。

それというのも露天風呂のほうがどうしても一般受けするからで、たとえば宿への問い合わせの電話で「露天風呂はありますか?」とお客さんから聞かれて「申し訳ございません、当旅館には露天風呂はありません」と答えたら「すみません、他を当たります」と電話を切られてしまったなんていう話もよく聞く。だから旅館のほうも客寄せの風呂として露天風呂を備えるようになってしまったのだ。

　しかも、そんな露天風呂に限って、かけ流しではない循環濾過式の湯だったり、湯量をカバーするために加水した薄い湯だったり、また、外にあることから衛生管理のために塩素消毒して源泉の持ち味を殺してしまっている湯であることが少なくはないのだ。その点、内湯の場合は、純粋に湯だけで勝負している湯が多く、大きな露天風呂のように大量の湯が必要ないことから泉質も新鮮だったり、しっかりと濃かったりする場合が多いのである。

　そんな内湯で期待できる湯というと、湯船のフチに温泉の成分の析出物が堆積していたり、浴室の床や壁が温泉の成分で変色していたりする、一見、古めかしいような内湯だ。

　それらは温泉の成分が濃い証拠なので、これまた期待できる。大理石のつるんとした近代的なスーパー銭湯のような温泉しか知らない人には、汚れているように思えるかもしれないけれど、湯にこだわりがある宿はまず普段の掃除もおこたらない。つまりはそれでもこびりついたり変色したりするほどに温泉の成分が濃い素晴らしい湯なのである。そういう湯こそが、まさに肌ざわりのよろこびが感じられる湯なのだ。

ただ、そうはいっても露天風呂が悪いわけではなく、露天風呂の名湯もたくさんある。いわば露天風呂は開放感や自然との一体感を楽しむ湯であり、それに対して内湯は文化や風情が楽しめて、また、湯としっかりと向き合える通好みの湯であるといえばわかりやすいかもしれない。

共同浴場や湯治場で極上湯と出会おう

結局のところ、古い温泉はいい湯に出会える確率が高い。なぜかというと昔は今のようなボーリング掘削技術なんてなかったから、古い温泉はまず自然湧出した温泉なのである。

ボーリング掘削技術で汲み上げた温泉すべてが必ずしも悪いというわけではないけれども、温泉というものは自然湧出によってどんな地層を通ってきたかで成分や個性が決まってくるものなのだ。地底の深いところから人工的に汲み上げた湯はその過程がないというわけだ。また、古くからある温泉は、やはり古くからその土地の人たちに親しまれてきた湯だ。それは温泉の効能が高いからこそずっと親しまれてきたわけで外れがない湯なのである。

そんなわけで温泉街で狙いたいのが共同浴場と湯治場の湯。そもそも昔の温泉街というものは真ん中に共同浴場があって、まわりに宿があるというのが多く見られるスタイルだった。昔は宿に内湯がなかったので共同浴場をまさに共同で使っていたのだ。つまり共同浴場はその名残であることが多く、そういう共同浴場の湯はその温泉街の中でもかなり古くからそこに湧いていた温泉を引いていることが多い。

また共同浴場は、地元の人たちが主に利用するので、湯船の中で地元の人たちとのコミュニケーションが生まれてそれもまた旅情を盛り上げてくれる。共同浴場の湯船は、だいたいがそんなに大きいものではないから、そういう湯船に浸かっていると自然と会話が生まれるのだ。その温泉街の昔の話とかが聞けたりして、それはそれでとても楽しいひとときとなる。地元の人とのふれあいは旅気分を高めてくれるし、後になって大切な旅の思い出にもなる。これもまた共同浴場ならではのものだ。

もうひとつ、戦国武将にとっての温泉がそうであったように、昔は温泉といえば湯治のことだった。冬の農閑期に農家の人たちが湯治場に長逗留をして日々の重労働の疲れをゆっくりと癒やす。それが日本の温泉文化だった。長逗留する宿であるから安く泊まれて、食事もすべて自炊だ。湯治の宿は観光客向けではないので建物も素朴で簡素である。でも湯治場の湯はいわば温泉療養のための湯なので、その多くが身体に効く極上湯なのである。

そんな湯治の宿に泊まってみるのも、これまた昔ながらの湯治ムードにひたれ、非日常感が味わえて楽しい旅になる。なんといっても湯がとってもいいのだから、湯に浸かっては部屋でごろごろして、また湯に浸かってはごろごろしてと、〝なんにもしない〟を満喫するのもいい。これは一度やってみるとわかるけれども、実に清々しい気持ちになれるから。

最後は自分の直感が教えてくれる

さて、いい温泉に出会うポイントをいろいろと書いたけれども、この章の冒頭に書いたように、〝肌〟はいい温泉に入れば入るほどに泉質に敏感になっていく。温泉というのは、たとえてみれば肌で感じるグルメみたいなものだ。おいしいものを食べると舌が肥えていくように、肌もまた、いい湯に出会うことでどんどんと敏感になっていく。そしてまた、いい温泉に対する直感みたいなものが養われていくのだ。

　そうなるとホームページを見たり、あるいは実際にその温泉街を歩いたりしているとき、「ここの湯はよさそうだなぁ」ということが直感で感じられるようになってくる。食べ歩きが趣味な人だって店構えを見てここは間違いない！と直感が働くわけで、人気ドラマの「孤独のグルメ」なんて、主人公の井之頭五郎が直感を働かせてうまいものに出会っていくことがドラマの見どころになっていますよね。つまりあれの温泉版というわけだ。

　そういう直感は温泉巡りをしているうちに誰でも養われていくものだ。そして直感に導かれて見事いい温泉と出会えたらこれがまたうれしい。まさに温泉版の井之頭五郎状態なのである。

　いろいろ書いておきながら最後は自分の直感なんて書くと、なんか梯子外しみたいではあるけれど、この直感に導かれていくようになると本当に温泉巡りがより楽しくなってくるから、ぜひみなさんも温泉版の井之頭五郎状態になって、この温泉大国である日本中の温泉を楽しんでもらいたい。

おわりに

戦国武将と温泉というテーマはこれまで歴史や旅行の雑誌などで戦国武将ゆかりの温泉がいくつか紹介されていたりはしたが、まるまる一冊の本になったことはなかったと思う。つまり本書はありそうでなかった温泉本なのですね。

それにしても本書を書くために、あらためて戦国武将たちの覇を争った栄枯盛衰の足跡を頭の中で時間軸に置いてとらえてみると、「実にすさまじい群雄割拠の時代だったんだなぁ」と思わずにいられなかった。

戦国時代とはいつからいつまでをいうのかとなると、いろんな見方があると思うが、たとえば下克上をした最初の戦国武将とよくいわれる北条早雲が興国寺城の城主になった一四八七年から、徳川家康が天下を平定して征夷大将軍になった一六〇三年としてみると、その期間はわずか百十六年だったりするのだ。

しかも当時はインターネットやテレビや新聞などメディアがなかった時代であ

り、そんな時代の中で戦国武将たちは時勢を読み合いながら覇を争った。こちらとあちらが同盟を組んだと思ったら、次の局面では裏切り、あるいは裏切られ、そうしたダイナミックに変わっていく時勢の読みをひとつ間違ったら領地が奪われるだけではなく、首を取られて命まで失ってしまうのだからシャレにならない。

そんな百十六年の中では、巧みに陣形を使い分ける戦国最強といわれた武田騎馬軍団が戦場を駆け抜けて、信長の鉄砲隊や奇想天外な鉄甲船の大砲が火を吹いて、家康のカルバリン砲が大阪城を激震させるといったように、戦い方もどんどん進化していき破壊力を増していった。

しかしそれでも戦っているのは生身の人間なのである。本書の「はじめに」でも書いたように、戦国時代の温泉は武将たちにとっては野戦病院のようなものだった。実際に温泉に浸かることで刀傷なんかを治していた武将たちならばこちらの温泉のほうが、あちらの温泉よりも効き目があるなんてことを身体でわかっていたのだろう。

そしてまた、温泉が地上に湧き出すメカニズムも、そこにどんな成分が含まれているのかもわからなかったはずであるけれども、温泉に関しての理解は知識ではなく身体で知っていた彼らのほうがあったのだろうと思う。

本書を参考に温泉と歴史の旅を楽しもうと思われた方には、ぜひ彼ら戦国武将になったつもりでいろいろと想像力を働かせてほしい。そう、メディアもスマホも交通機関もなかった時代のことを。今のような旅館の内湯や露天風呂のような形ではなく、おそらく野湯に陣幕を張ったような、あるいは素朴な湯小屋を建てたような（秀吉は別としてだけど（笑））環境だったのではないだろうか。

でも、湯は今も当時も変わっていないのだ。戦と戦の間に刀傷を癒やしにいく武将になったつもりで、その湯に浸かってみよう。肌で霊験あらたかなその湯を感じてみよう。そして彼らが戦った古戦場や城を訪ね戦国時代の当時を幻視するかのように想像力をフルに働かせていろいろと思い浮かべてもらいたい。

妻女山の展望台に立って川中島平を見下ろしながら、信玄の啄木鳥戦法を見破った謙信の気持ちになったり……とか。石垣山から小田原城を見下ろしながら二十万を超える兵がそれを包囲したダイナミックさを想ってみる……とか。
そんな旅のしかたを手に入れることができたら、それはこの美しい自然が豊かで起伏に富んだ日本列島を、そして温泉がいっぱい湧いている日本列島を、楽しみ尽くせるということでもある。旅の極意とはすなわち想像力を自由に思いっきり遊ばせることなのだから。

最後に戦国武将と温泉という楽しいお題を与えてくれたマイナビ出版の田島孝二さんにお礼を申し上げたい。ありがとうございました。そしてみなさま、最後まで読んでいただきましてありがとうございました。いつかどこかの温泉地でお会いできたらいいですね！

●著者プロフィール
岩本薫（いわもと・かおる）
1963年東京生まれ。本業のコピーライターのかたわら、webマガジン「ひなびた温泉研究所」を運営。日本全国のひなびた温泉をめぐって取材をしている。BS日テレ「中川翔子のマニア☆まにある」TVK「サタミンエイト」文化放送「くにまるジャパン/おもしろ人間国宝」TBSラジオ「安住紳一郎の日曜天国」等に出演。著書「ひなびた温泉パラダイス」発売中。

マイナビ新書

戦国武将が愛した名湯・秘湯

2018年6月30日　初版第1刷発行

著　者　岩本薫
発行者　滝口直樹
発行所　株式会社マイナビ出版
〒101-0003　東京都千代田区一ツ橋2-6-3　一ツ橋ビル2F
TEL 0480-38-6872（注文専用ダイヤル）
TEL 03-3556-2731（販売部）
TEL 03-3556-2735（編集部）
E-Mail pc-books@mynavi.jp（質問用）
URL http://book.mynavi.jp/

装幀　tobufune
本文イラスト　田所ミニ
DTP　富宗治
印刷・製本　図書印刷株式会社

ISBN978-4-8399-6686-7

Printed in Japan